Marie Ancilla Durliat

Le jaillissement de Pâques !

Marie Ancilla Durliat

Le jaillissement de Pâques !

Lecture spirituelle du Prologue de saint Jean

Éditions Croix du Salut

Imprint

Cover image: www.ingimage.com

Publisher:
Éditions Croix du Salut
is a trademark of
Dodo Books Indian Ocean Ltd. and OmniScriptum S.R.L publishing group

120 High Road, East Finchley, London, N2 9ED, United Kingdom
Str. Armeneasca 28/1, office 1, Chisinau MD-2012, Republic of Moldova, Europe
Printed at: see last page
ISBN: 978-620-3-84589-1

« Cette page si courte
est le regard de l'aigle dans l'infini.
Elle a placé saint Jean au faîte
de ceux qui ont vu les choses divines. »
(Lacordaire)

Avant-propos

« Il est temps de prier Dieu de nous aider
par le Christ et dans le Saint-Esprit
à découvrir le sens mystique caché,
comme dans un trésor,
sous les mots »
(Origène, *In Io.* I,89).

Le prologue de l'évangile de Jean a été commenté maintes fois, depuis Origène. Il attire son lecteur, par le Mystère qu'il laisse pressentir ; mais, en même temps, la simplicité de son vocabulaire le rend énigmatique. C'est pourquoi, il y a autant d'interprétations qu'il y a de commentateurs, et pour cause : le texte grec n'a pas de ponctuation et le sens dépend de celle que l'on y met.

Le prologue fonctionne comme un proverbe. Chacun le lit en fonction de ce qu'il est, de ses préoccupations, de l'étape de son chemin, de sa science. Il n'y a pas une lecture qui serait la vraie. La vérité du texte est multiforme et se déploie à l'infini. Il y a la lecture des savants et la lecture de ceux qui ne le sont pas.

Il est donc possible de tenter une énième lecture du texte : la route reste ouverte. D'ailleurs, comme le dit saint Ephrem, « le Seigneur a coloré sa parole de multiples beautés, pour que chacun de ceux qui la scrutent puisse contempler ce qu'il aime. [...] Celui qui obtient en partage une de ces richesses ne doit pas croire qu'il y a seulement, dans la parole de Dieu, ce qu'il y trouve. [...] Rends grâce pour ce que tu as reçu et ne regrette pas ce qui demeure inutilisé[1]».

Pour ma part, c'est la splendeur de la résurrection qui a été le fil conducteur de ma *lectio divina*. L'écoute de cours du P. Wolinski sur les Pères de l'Eglise, a été pour moi une lumière, pour lire l'Ecriture à partir de la résurrection. Alors pourquoi pas le prologue de saint Jean ?

Qu'une moniale non exégète s'aventure à commenter ce texte, pourra en surprendre certains. En effet, comme le dit le cardinal J. Ratzinger :

---

[1] *Livre des Jours*, Le Cerf, DDB, Desclée, Mame, 1976, p. 612-613.

« Par la recherche historico-critique, l'Ecriture est redevenue un livre ouvert, mais également un livre fermé. Un livre ouvert : grâce au travail de l'exégèse, nous percevons la parole de la Bible de façon nouvelle, dans son originalité historique, dans la variété d'une histoire en devenir et en croissance, chargée de ces tensions, de ces contradictions qui constituent en même temps sa richesse insoupçonnée. Mais, de cette manière, l'Ecriture est redevenue aussi bien un livre fermé : elle est devenue objet des experts ; le profane et même le spécialiste en théologie qui ne serait pas exégète, ne peuvent plus se hasarder à en parler. Elle semble presque soustraite à la lecture et à la réflexion des croyants, parce que ce qui en résulterait serait déclaré lecture ou réflexion d' "amateur". La science des spécialistes dresse une clôture autour du jardin de l'Ecriture, désormais inaccessible au non-expert.[2] »

C'est donc une lecture d'amateur que j'ai entreprise, un simple essai. Cassien, il est vrai, a rappelé que seule la pureté de cœur ouvre l'intelligence :

---

[2] J. Ratzinger, *Entretien sur la foi*, Fayard, 1985, p. 87.

« Celui qui désire acquérir l'intelligence des Écritures ne doit pas se fatiguer à lire un grand nombre de commentaires ; il vaut mieux qu'il s'applique à purifier son cœur de tous les vices de la chair. Dès qu'ils en sont bannis, les yeux de l'âme, dégagés du voile des passions, pénètrent comme naturellement les secrets des saintes Écritures. Le Saint-Esprit ne nous les a pas donnés pour qu'ils restent obscurs et inexplicables ; ce sont nos péchés qui en cachent le sens aux yeux de notre cœur. Dès que nous en sommes purifiés, une simple lecture nous suffit souvent pour en avoir une parfaite intelligence, sans avoir recours à une foule de commentaires ; les yeux de notre corps n'ont besoin des leçons de personne pour voir, lorsque rien ne les obscurcit et ne les aveugle » (*Inst.*, 5, 34).

Le contexte de la vie monastique se trouve donc être un terreau idéal pour lire le prologue.

Introduction

Après avoir lu la première lettre de saint Jean, où le *Logos* tient une grande place, il était tentant d'essayer de comprendre comment le *Logos* du prologue est présenté, sans se laisser arrêter par la difficulté du texte.

Le but du présent ouvrage n'est pas de faire une étude exégétique, mais une lecture proche de la *lectio divina*. Je me suis hasardée à lire le texte, en l'écoutant, tout simplement, et en laissant résonner d'autres passages du même évangile. Bref, j'ai cherché à éclairer l'auteur par l'auteur, l'Ecriture par l'Ecriture, sans m'inquiéter de savoir si je m'écartais des commentateurs nombreux qui en ont fait l'exégèse. Parmi eux, citons P. Braun, A. Feuillet, Y. Simoens. Chacun d'ailleurs donne sa propre interprétation, en fonction de sa ligne de recherche.

Mais avant de rentrer dans le vif du sujet, il est nécessaire de rappeler quelques rudiments sur l'évangile de saint Jean.

Il a été écrit, d'après la plus ancienne tradition, par le disciple du Seigneur, Jean, qui a reposé sa tête sur la poitrine de Jésus, lors de la Cène. Sa rédaction daterait de la fin du premier siècle. Elle a été finalisée par des disciples de Jean, qui ont médité sur son enseignement.

La communauté johannique vit de la présence du Ressuscité, présence expérimentée dans le culte. La célébration du baptême et de l'eucharistie affleure souvent dans cet évangile ; il suffit de se souvenir des nombreuses références à l'eau, au pain, au vin, de l'entretien avec Nicodème qui est une véritable catéchèse baptismale. La vie de Jésus est donc conçue et présentée en référence au mystère chrétien, tel qu'il est vécu dans la communauté chrétienne et en particulier dans les sacrements. C'est là que les paroles et les gestes du Jésus terrestre prennent tout leur sens.

Il est donc surprenant que, lorsqu'il s'agit du prologue, on regarde le verset 14 sur l'Incarnation, comme le cœur même du message qu'il transmet. Ma lecture m'a fait découvrir la lumière pascale, comme clef de compréhension de l'ensemble du texte. Cette approche a, de plus, l'avantage de montrer la continuité entre le prologue et le reste de l'évangile, tellement imprégné de la présence du Ressuscité. Le prologue, en un raccourci saisissant, montre la source d'où jaillissent les sacrements qui nous transmettent la vie divine et nous conduisent au Père, dans l'Eglise.

Reste maintenant à présenter la structure du texte qui rend compte cette approche. Pour ma part, je distingue deux parties dans le prologue : le *Logos*-lumière d'une part (1,1-13), et le *Logos* Monogène d'autre part (1,14-18). Cette division peut être mise en parallèle avec les deux parties de l'évangile de Jean : le livre des signe (1-12) où le mot lumière apparaît souvent, comme nous aurons l'occasion de le voir, et le livre de la gloire (12-21) où la lumière laisse place à la gloire, avec un sommet au chapitre 17. Dans ce chapitre, la relation entre le Fils et le Père est longuement développée.

Le *Logos*-lumière est au cœur de la première partie (1,1-13). Le *Logos* ne fait qu'un avec le Père, il est tourné vers le Père et Jean le contemple resplendissant de lumière, de la lumière qui jaillit de sa chair ressuscitée ; cette lumière est le point de départ de la nouvelle création, qui reprend la première pour l'élever, la conduire à un accomplissement. Ce sera l'objet du premier chapitre (1,1-5).

Le *Logos* lumière, sans quitter le Père est venu dans le monde, pour que les hommes qui croiraient en lui, qui croiraient en la lumière, deviennent des enfants de Dieu. Il veut ainsi les faire participer à la lumière pascale, à la vie divine, pour qu'ils soient, ainsi, introduits dans la Trinité, comme des fils qui participent à l'engendrement du Monogène. C'est le thème du deuxième chapitre (1,6-13).

La deuxième partie (1,14-18), comporte aussi deux chapitres. Il n'y a pas de lumière pascale, sans la résurrection de la chair, sans l'entrée dans la Trinité, de l'humanité prise par le *Logos*. Aussi l'évangéliste, dans un second temps, proclame que le *Logos* est devenu chair. Des témoins ont vu sa gloire et ont perçu qu'elle était celle d'un Monogène qui la recevait d'un père ; ce père possédait une plénitude de vie qu'il transmettait à son Fils. C'est ce qui est développé dans un premier chapitre (1,14-17).

Dans un deuxième temps, Jean montre où cela conduit (1,18). Le Monogène, Jésus Christ, Dieu comme le Père, nous a révélé le Père, il nous l'a fait connaître. Cela, parce qu'il nous a donné en partage sa vie filiale. Lui seul, le Fils unique, pouvait accomplir cette œuvre.

Le texte
Jn 1,1-18

*

1 Dans un Principe était le *Logos*

Ἐν ἀρχῇ ἦν ὁ λόγος,

et le *Logos* était tourné vers [le] Dieu

καὶ ὁ λόγος ἦν πρὸς τὸν θεόν,

et Dieu, était le *Logos*.

καὶ θεὸς ἦν ὁ λόγος.

2 Celui-ci était dans un Principe tourné vers [le] Dieu.

οὗτος ἦν ἐν ἀρχῇ πρὸς τὸν θεόν.

3 Tout par lui devint

πάντα δι' αὐτοῦ ἐγένετο,

et sans lui, ne devint pas même une chose.

καὶ χωρὶς αὐτοῦ ἐγένετο οὐδὲ ἕν.

[4] Ce qui devint en lui était vie

ὃ γέγονεν ἐν αὐτῷ ζωὴ ἦν,

et la vie était la lumière des hommes.

καὶ ἡ ζωὴ ἦν τὸ φῶς τῶν ἀνθρώπων·

[5] Et la lumière dans la ténèbre illumine

καὶ τὸ φῶς ἐν τῇ σκοτίᾳ φαίνει,

et la ténèbre ne la saisit pas.

καὶ ἡ σκοτία αὐτὸ οὐ κατέλαβεν.

[6] Devint un homme envoyé de chez Dieu ; son nom [était] Jean.

Ἐγένετο ἄνθρωπος ἀπεσταλμένος παρὰ θεοῦ, ὄνομα αὐτῷ Ἰωάννης·

[7] Celui-ci vint comme témoin, pour qu'il témoignât au sujet de la lumière, afin que tous crussent par lui.

οὗτος ἦλθεν εἰς μαρτυρίαν, ἵνα μαρτυρήσῃ περὶ τοῦ φωτός, ἵνα πάντες πιστεύσωσιν δι' αὐτοῦ.

[8] Celui-là n'était pas la lumière, mais [il vint] pour qu'il témoignât au sujet de la lumière.

οὐκ ἦν ἐκεῖνος τὸ φῶς, ἀλλ’ ἵνα μαρτυρήσῃ περὶ τοῦ φωτός.

*

9 Elle était la lumière, la véritable, qui illumine tout homme,
en venant dans le monde.

ἦν τὸ φῶς τὸ ἀληθινὸν ὃ φωτίζει πάντα ἄνθρωπον
ἐρχόμενον εἰς τὸν κόσμον.

10 Dans le monde elle était, et le monde, par elle, devint, et
le monde ne la connut pas.

Ἐν τῷ κόσμῳ ἦν, καὶ ὁ κόσμος δι’ αὐτοῦ ἐγένετο, καὶ ὁ
κόσμος αὐτὸν οὐκ ἔγνω.

11 Dans son bien propre elle vint, et les siens propres ne
l’accueillirent pas.

εἰς τὰ ἴδια ἦλθεν, καὶ οἱ ἴδιοι αὐτὸν οὐ παρέλαβον.

12 Mais à tous ceux qui la reçurent

ὅσοι δὲ ἔλαβον αὐτόν,

elle leur donna pouvoir de devenir enfants de Dieu,

ἔδωκεν αὐτοῖς ἐξουσίαν τέκνα θεοῦ γενέσθαι,

aux croyants en son Nom,

τοῖς πιστεύουσιν εἰς τὸ ὄνομα αὐτοῦ,

13 qui, ni de sangs, ni de volonté de chair, ni de volonté d'homme,

οἳ οὐκ ἐξ αἱμάτων οὐδὲ ἐκ θελήματος σαρκὸς ὐδὲ ἐκ θελήματος ἀνδρός,

mais de Dieu,

ἀλλ' ἐκ θεοῦ

furent engendrés.

ἐγεννήθησαν.

14 Et le *Logos*, chair, devint

Καὶ ὁ λόγος σὰρξ ἐγένετο

et dressa sa tente en nous,

καὶ ἐσκήνωσεν ἐν ἡμῖν,

et nous contemplâmes sa gloire,

καὶ ἐθεασάμεθα τὴν δόξαν αὐτοῦ,

gloire comme [celle] d'un unique engendré

δόξαν ὡς μονογενοῦς

[venant] de chez un père plein de grâce et de vérité.

παρὰ πατρός πλήρης χάριτος καὶ ἀληθείας·

15 Jean témoigne à son sujet

Ἰωάννης μαρτυρεῖ περὶ αὐτοῦ

et il crie, disant :

καὶ κέκραγεν λέγων·

« Celui-ci était [celui] que j'ai dit :

Οὗτος ἦν ⸀ὃν εἶπον

Celui qui vient derrière moi

Ὁ ὀπίσω μου ἐρχόμενος

est devenu devant moi »,

ἔμπροσθέν μου γέγονεν,

car premier de moi, il était,

ὅτι πρῶτός μου ἦν·

16 en sorte que de sa plénitude, nous tous avons reçu,

ὅτι ἐκ τοῦ πληρώματος αὐτοῦ ἡμεῖς πάντες ἐλάβομεν,

et grâce après grâce ;

καὶ χάριν ἀντὶ χάριτος

[17] car la Loi, par Moïse, fut donnée,

ὅτι ὁ νόμος διὰ Μωϋσέως ἐδόθη,

la grâce et la vérité, par Jésus Christ, devint. »

ἡ χάρις καὶ ἡ ἀλήθεια διὰ Ἰησοῦ Χριστοῦ ἐγένετο.

[18] Dieu, personne ne [l']a vu, jamais ;

θεὸν οὐδεὶς ἑώρακεν πώποτε

un unique engendré, Dieu,

μονογενὴς θεὸς

l'Etant, dans le sein du Père,

ὁ ὢν εἰς τὸν κόλπον τοῦ πατρὸς

celui-là raconta.

ἐκεῖνος ἐξηγήσατο.

Le *Logos*- lumière

La première partie du prologue (1,1-13) présente le *Logos* illuminateur.

Dans un premier chapitre (1,1-5), Jean part du cœur de la Trinité, là où tout se décide pour le monde, de toute éternité : création et recréation. Nous assistons au jaillissement de la lumière pascale qui rayonne sur le monde, depuis la chair ressuscitée du *Logos*. Elle resplendit avec force, au milieu de la ténèbre.

Dans un second temps (1,6-13), nous suivons le trajet de cette lumière dans le monde, depuis le témoignage que Jean le précurseur lui a rendu, jusqu'à sa réception par l'homme ; celui-ci peut ainsi de ressusciter à son tour, être engendré de façon de plus en plus plénière, devenir enfant de Dieu.

Du nouveau en Dieu !
Jn 1,1-5

Ce chapitre articule l'éternité et le temps. Tout est présent en Dieu de toute éternité et advient à un moment de l'histoire. Il en est ainsi de la lumière pascale.

Elle devint dans le *Logos* et elle est venu dans le monde pour transformer les hommes en les faisant participer à la vie surabondante de Dieu. L'homme est invité à entrer au cœur du Mystère de Dieu.

Aussi surprenant que cela puisse paraître pour des esprits rationnels, il y a du nouveau en Dieu.

Dans un premier temps, Jean nous parle du *Logos* éternellement Dieu, éternellement avec Dieu ; puis de ce qui est devenu par le *Logos* et dans le *Logos*, pour illuminer les hommes. Enfin, nous assisterons à la force invincible de la lumière, qui n'est autre que la lumière pascale.

Être... (Jn 1,1-2)

1 Dans un Principe était le *Logos*

et le *Logos* était tourné vers [le] Dieu

et Dieu, était le *Logos*.

[2] Celui-ci était dans un Principe tourné vers [le] Dieu.

***Dans un Principe était le* Logos.**

Dans un Principe fait écho au premier verset de la Genèse : *Dans un principe Dieu fit le ciel et la terre* (Gn 1,1). *En archè*, en Gn 1,1, et en tête du récit de la création de toutes choses. On peut donc penser que la reprise des mêmes termes, dans le premier verset de l'évangile de Jean, n'est pas sans lien avec le premier verset de la Bible. Mais alors, de quelle création pourrait-il s'agir, dans le prologue ? C'est ce que nous essayerons de découvrir. Il faut cependant commencer par tenter de comprendre le sens du premier verset de l'évangile johannique.

Dans l'expression *En archè*, *archè* peut se prendre au sens temporel, on le traduit alors par : *commencement*, ou au sens instrumental, et on le traduit par : *principe*. C'est le choix fait ici, à la suite de nombreux lecteurs de la LXX. Le principe est alors le « principe » par lequel Dieu crée, c'est-à-dire sa Sagesse et/ou son *Logos*. Cette interprétation s’appuie sur plusieurs textes de l’Ancien Testament. Nous en retiendrons trois.

Le premier se trouve dans le livre des Proverbes. Nous découvrons un engendrement de la Sagesse qui est présentée comme un principe :

Après vous avoir publié ce qui arrive chaque jour, je vais énumérer les choses qui sont de toute éternité. Le Seigneur m’a acquise principe de ses voies, vers ses œuvres. Il m’a établie avant le temps, dès le principe, avant de faire la terre et avant de faire les abîmes, avant que l’eau jaillit des fontaines. Il m’a enfantée avant que les montagnes et les collines fussent affermies. Le Seigneur a fait les champs et les déserts, et les cimes habitées sous le ciel. Quand il a préparé le ciel, j’étais auprès de lui, et lorsqu’il a élevé son trône sur les vents, et lorsqu’en haut il a donné aux nuées leur cohérence, et aux fontaines qui sont sous le ciel leur équilibre, et lorsqu’il a affermi les fondements de la terre, j’étais là ; près de lui, disposant tout avec lui ; j’étais là, et il se délectait en moi ; chaque jour, à tout moment, je me réjouissais de la vue de son visage ; lorsqu’il s’applaudissait d’avoir achevé la terre, et se complaisait dans les fils des hommes (Pr 8,21-31).

Le Seigneur m'a acquise principe de ses voies, pour faire ses œuvres, fait penser à Eve, comme le remarque Y. Simoens. On lit, en effet, dans le quatrième chapitre de la Genèse : *J'ai acquis un homme par le Seigneur* (Gn 4,1). Le verbe utilisé évoque donc un engendrement de la Sagesse. De plus, la Sagesse est principe (*archè*) des voies du Seigneur, en ce qui concerne la création.

Dans le livre de la Sagesse, cette fois, non seulement la Sagesse, mais encore le *Logos*, sont associés à l'œuvre de la création :

Dieu de mes pères, Seigneur miséricordieux, qui dans ton Logos *as fait toutes choses ; qui par ta Sagesse as formé l'homme, pour qu'il règne sur toutes les créatures [...]* (Sg 9,1-2).

Ici, c'est dans son *Logos*, que Dieu a fait toutes choses. La Sagesse, elle, a plus particulièrement participé à la formation de l'homme.

Dans le Psaume 32 enfin, c'est par le *Logos* que le Seigneur affermit les cieux, ce qui renvoie à la création :

Les cieux se sont affermis par le Logos *du Seigneur et toute leur vertu au souffle de sa bouche* (Ps 32,6).

Nous constatons donc que, dans la tradition sapientielle, la Sagesse de Dieu et son *Logos* participent tous deux à la création. Ce qui revient à chacun est assez flou, car le mode de participation diffère d'un texte à l'autre. Il nous faut donc nous interroger sur le lien établi par l'évangéliste Jean, entre Sagesse, *Logos* et Principe.

Le Logos *était dans un Principe.* L'article indéfini met l'accent sur le fait d'être dans un principe, et non sur le nom de ce principe, que tout le monde connaît par ailleurs, à condition de connaître les livres de sagesse. Le *Logos* était donc dans un Principe, caché en lui.

Or le *Logos*, d'après le sens de ce mot, est le légat d'une chose, d'une personne ; il dit la parole qu'un autre ne peut porter lui-même ; il est ce qu'une chose dit. Le *Logos* est donc caché dans un Principe et il en sort, en quelque sorte, pour manifester celui qui l'envoie. Ce principe peut s'identifier à la Sagesse de Dieu. N'est-elle pas principe des voies du Seigneur ? Le *Logos* dont parle saint Jean apparaît donc comme le *Logos* de la Sagesse qui joue un rôle dans la création, ce que confirmeront les versets 3 et 4 ; il fait advenir le dessein créateur que Dieu a rassemblé dans la Sagesse, pour exécuter ses œuvres. Légat de la Sagesse, le *Logos* est tourné vers ce que la Sagesse va faire venir à l'existence. Il est la parole créatrice que la Sagesse ne peut porter elle-même.

De même que dans la première lettre de Jean, le *Logos* est le légat de la Vie, ayant pour mission de proposer la Vie aux hommes, de la leur révéler, de la leur manifester (1 Jn 1,1), de même dans le Prologue du quatrième évangile, le *Logos* manifeste à l'extérieur le dessein créateur de Dieu, déposé de toute éternité dans la Sagesse.

Il est vrai que saint Paul donne au Christ le titre de Principe (Col 1,15-18). Jésus lui-même dit, dans l'Apocalypse : *Je suis le principe et la fin* (Ap 22,13). Alors, comment peut-il être, en même temps, et le Principe, et le *Logos* qui était dans un Principe ? Ce n'est pas sans analogie avec ce que Jean dit dans sa première lettre : le *Logos* est le légat de la Vie et il est aussi la Vie.

Le temps du verbe va nous aider à comprendre. *Le* Logos *était dans un Principe*, dit Jean. L'imparfait convient pour exprimer l'éternité. Bien sûr, éternité n'est pas à comprendre comme un temps qui n'a pas de fin, car le *Logos* n'est pas situé dans le temps : il est hors du temps, puisqu'il est Dieu (1,1c). C'est comme Verbe incarné qu'il est dans le temps. Aussi, si le *Logos* est éternellement dans un Principe, il est lui aussi éternel. Le *Logos* a pour mission, comme nous venons de le dire, de manifester, de réaliser, le dessein éternel de Dieu présent dans la Sagesse. Ainsi, de toute éternité, le *Logos* est tourné vers les créatures, il cherche potentiellement à établir une relation entre le Principe et les créatures.

Le *Logos* est un légat qui représente celui qui l'envoie. Il était caché dans la Sagesse et il sort d'elle pour faire passer de la non-existence à l'existence, ce qui était présent en elle. Nous ne serons donc pas surpris de voir le prologue passer de l'Etre (1,1-2) au devenir (1,3-4).

Et le Logos était tourné vers [le] Dieu.

Le *Logos* était tourné vers « le Dieu ». Dieu avec l'article désigne le Père, dans le Nouveau Testament. Mais pour l'instant, il n'est pas explicitement nommé, tout comme le Fils. Il faut attendre la deuxième partie du prologue, pour que les deux soient mentionnés. Ici encore, le verbe être est à l'imparfait ; il indique l'éternité. Le *Logos* était donc, de toute éternité, tourné vers « le Dieu », en relation avec lui ! Le *Logos* est distinct de lui, il est une personne. La préposition *pros*, « tourné vers », sert en effet à caractériser la relation d'une personne avec une autre personne ; ici, du

Verbe avec « le Dieu ». En effet, « vers » utilisé avec un verbe de repos, signifie proche de lui et tourné vers lui. « Vers » indique un mouvement, une relation de communion active, une union profonde. Le *Logos* est donc distinct du Père et *pros* indique l'acte vital du Verbe qui se meut éternellement vers le Père et qui est en communion avec lui.

Il est tourné vers le Père, orienté vers lui, en communion parfaite avec lui. Une telle communion fait pressentir qu'il s'agit du Fils. Les paroles prononcées par Jésus, pendant sa vie publique, sur son unité de volonté avec celui qui l'a envoyé, sont en parfaite consonnance avec ce que Jean dit dans le prologue :

Je ne puis rien faire de moi-même :

selon que j'entends, je juge, et mon jugement est juste,

parce que je ne recherche pas mon vouloir,

mais le vouloir de celui qui m'a envoyé (5,30).

Jésus partageait aussi la même gloire que le Père, c'est-à-dire le poids de son amour. Il lui parle, en effet, dans sa dernière prière, de la gloire qu'il avait « auprès » de lui :

Glorifie-moi, toi, Père, auprès de toi,

de la gloire que j'avais avant l'être du monde,

auprès de toi (17,5).

Il est bien le *Logos* tourné de toute éternité vers le Père.

***Et Dieu, était le* Logos.**

Dieu est un attribut de *Logos* ; le *Logos* est Dieu au sens strict, au même titre que « le Dieu » dont Jean vient de parler, qui n'est donc pas le seul à être Dieu. C'est affirmer que le *Logos* est égal au Père, ce que le *credo* de Nicée exprimera ainsi : « Vrai Dieu, né du vrai Dieu. »

Celui-ci était dans un Principe tourné vers [le] Dieu.

Jean récapitule alors tout ce qu'il vient de dire, tout en faisant un pas de plus.

Celui qui était dans un Principe, qui était tourné vers « le Dieu », et qui était aussi Dieu, celui-ci donc, était à la fois dans un Principe et tourné vers le Père. Mais ce Principe lui-même était tourné vers « le Dieu », vers le Père. Il est, comme le *Logos*, en communion avec le Père. Il est une personne. Sont-ils donc trois ? le Principe, le *Logos* et « le

Dieu » ? Ceci n'est pas sans rappeler , ici encore, la première lettre de Jean où nous rencontrons, dans son prologue aussi, la Vie tournée vers le Père et le *Logos* de la Vie. Or la Vie et le *Logos* sont un seul et le même : le Fils venu dans la chair, mais regardé sous deux points de vue différents.

En fait, *Logos* et Principe — ou Sagesse — sont deux façons de parler du Fils, deux titres du Fils en quelque sorte ; mais ici, le Fils est regardé sous un angle particulier : il est celui par qui tout devient. C'est ce que Jean aborde dans les deux versets suivants (1,3-4). Ainsi, le Principe paraît bien être le Fils, en tant que Sagesse vivante en qui le Père a déposé les « modèles » nécessaires, pour faire venir les êtres à l'existence ; il est la Sagesse en qui le Père a déposé son dessein bienveillant ; tout existe dans la Sagesse, de toute éternité. Le *Logos*, quant à lui, est aussi le Fils, mais comme portant à l'extérieur, en quelque sorte, ce qui était caché dans la Sagesse : il joue un rôle de légat, comme nous l'avons vu. Il fait devenir, venir à l'existence, ce qui était présent de toute éternité dans la Sagesse de Dieu.

… et devenir (Jn 1,3-4)

3 Tout par lui devint

et sans lui, ne devint pas même une chose.

[4] Ce qui devint en lui était vie
et la vie était la lumière des hommes.

Le verbe, *gignesthai*, « devenir », revient sept fois dans le prologue. La compréhension du texte dépend de la façon dont on traduit les diverses occurrences de ce verbe. Il a, en effet, plusieurs significations :

— devenir (venir dans l'existence, commencer à être) ;

— arriver, apparaître dans l'histoire, quand il s'agit d'événements ;

— enfin, être fait.

Comme le dit Y. Simoens, « devenir » définit l'histoire, « être » le fondement de l'histoire. Pour faire apparaître les neuf occurrences dans la traduction, le verbe est traduit chaque fois par « devenir ». Mais le commentaire fera ressortir le sens donné au mot selon le contexte. Par exemple, lorsque l'on dit : « Le *Logos* devint chair », il ne saurait être question de comprendre qu'il s'est transformé en chair ; quand il est dit que tout devint par lui, il est évident par contre qu'il faut comprendre que tout est venu à l'existence par lui. Il est d'ailleurs important de traduire par « devenir », car la création n'est pas une production.

Jean met ainsi en lumière, dans les deux versets que nous étudions, l'apparition d'une double nouveauté.

Tout par lui devint et sans lui, ne devint pas même une chose.

Jean expose sa pensée sous forme positive, puis négative, comme on le trouve fréquemment dans le *corpus* johannique.

L'imparfait cède maintenant la place au parfait, l'éternité à la temporalité. L'action se situe à un moment de l'histoire, mais elle continue aujourd'hui. C'est une action non ponctuelle, qui dure.

Des modèles préexistaient en Dieu, avant même la création, selon la tradition juive. On lit, par exemple, dans le livre de l'Exode, que le modèle de l'Arche à réaliser, a été montré à Moïse (Ex 25,9.40 ; He 8,5). Mais, en réalité, toutes les choses préexistaient en Dieu, elles faisaient partie de son dessein éternel qui était dans la Sagesse, principe des œuvres de Dieu. Puis, elles ont été exécutées par le *Logos*. Elles sont cachées en Dieu et le caché se manifeste progressivement sur la terre. Les choses sont pensées, appelées à l'existence, appelées à passer de la non-existence à l'existence.

Et c'est par (*dia*) le *Logos*, que le Père a fait venir toute chose à l'existence. Par lui, tout ce que la Sagesse portait caché en elle, est porté à l'extérieur ; *tout devint*, est en quelque sorte du domaine de l'engendrement. Le *Logos* n'est pas un intermédiaire entre le Père et la création, il est le légat de la Sagesse, par laquelle tout a été créé (Ps 103,24). Par lui, s'établit une relation entre la Sagesse de Dieu et les créatures. C'est une première nouveauté : ce qui n'existait pas, existe, commence à être ! C'est un premier niveau dans la compréhension de « devenir ». Nous avons là une rupture radicale avec la conception du monde cyclique et immuable, qui avait cours chez les grecs.

Jean insiste : tout devint par le *Logos*, absolument toutes choses ; donc, aussi, l'humanité prise par le Verbe.

Tout devint par lui, dit saint Jean, et non : il créa toutes choses. Il n'est pas question de création, mais du passage du non-être à l'être.

Ce qui devint en lui

Nous avons gardé la ponctuation du verset qui était courante aux 2ème et 3ème siècles : *Ce qui devint en lui*. Il est étrange, il est vrai, de parler d'un devenir dans le *Logos* ;

aussi, pour ne pas se heurter à cette difficulté, différentes ponctuations ont été proposées par les exégètes. Mais pourquoi refuser de parler d'un devenir en Dieu ? Est-ce réellement incompatible avec la foi ? Nous tentons donc d'avoir une compréhension de ces quelques mots, qui ne soit pas en contradiction avec la foi de l'Eglise.

Maintenant donc, Jean nous présente, non plus ce qui est venu à l'existence, par le *Logos*, mais ce qui devint dans le *Logos*. Le même participe passé du verbe devenir, se retrouve aux versets 15 et 17 du prologue. *Ce qui devint en lui* est une nouveauté sans pareille, qui rompt, cette fois, avec la conception grecque d'un Dieu solitaire, immuable, qui se suffit à lui-même. Quelque chose devint dans le *Logos*, qui n'existait pas de manière éternelle comme lui. Cela renvoie à un moment de l'histoire, mais n'introduit pas le temps en Dieu.

En Dieu, il n'y a pas de temps, mais il y a un devenir. La lettre de saint Pierre parle du sang précieux d'un agneau sans défaut et sans tache, le Christ que Dieu a prédestiné avant la fondation du monde et qu'il a manifesté à la fin des temps (1 P 1,19-20). Le Christ, agneau immolé, existe, caché en Dieu de toute éternité, et Dieu l'a manifesté au moment qu'il avait décidé. Jésus lui-même, dans une prière à son

Père, parle de la gloire qu'il lui a donnée *parce que tu m'as aimé avant la fondation du monde* (17,24). C'est Jésus qui parle, pas le Fils, Jésus qui a été aimé par son Père avant la fondation du monde. Saint Paul dit de même : *Il nous a choisis, dans le Christ, avant la fondation du monde, pour que nous soyons saints, immaculés devant lui, dans l'amour. Il nous a prédestinés à être, pour lui, des fils adoptifs par Jésus, le Christ* (Ep 1,4-5). Dieu nous a choisis dans le Christ, avant qu'aucune créature n'existe ; le Christ était donc présent en Dieu de toute éternité, et pas seulement le Fils. Or, parler du Christ, c'est parler de Jésus ressuscité que Dieu a fait Seigneur et Christ par la résurrection (2,36). Il était caché et il a été manifesté, il devint à la plénitude des temps. Le conseil trinitaire qui a présidé à la création et à la recréation, selon l'enseignement des Anciens, rend compte de la même réalité. Cette manière biblique de parler n'est pas un traité de métaphysique ! Arius n'avait encore répandu sa doctrine…

Dans le *Logos* donc, quelque chose devint : son humanité a été introduite au sein de la Trinité, par la résurrection. Or devenir nécessite d'exister d'abord au premier niveau : en passant de la non-existence à l'existence, ce qui renvoie au troisième verset. Effectivement Jésus existait depuis sa conception dans le sein de la Vierge Marie, et son humanité est venue à l'existence par le *Logos*.

Mais il fallait qu'il devint ce qu'il n'était pas encore : pleinement Fils de Dieu en son humanité, par la résurrection. Ce qui devint dans le *Logos*, c'est l'accès plénier de son humanité à la condition filiale, c'est la naissance de son humanité à la vie divine le jour de la résurrection : *Aujourd'hui, je t'ai engendré*, dit le Père (Ps 2,7, cité en Ac 13,33 ; cf. Rm 1,4).

Cette humanité, qu'il a faite sienne dès sa conception, est entrée, par la résurrection, lorsqu'il est monté auprès du Père (3,13), dans une manière divine d'exister. L'humanité de Jésus participe ainsi à la naissance éternelle du Fils, au sein de la Trinité. Il n'y a pas de temps en Dieu, mais il y a une nouveauté : un engendrement qui continuellement se déploie dans l'infini de Dieu et transforme son humanité. Voilà ce qui devint.

Nouveauté, qu'est-ce à dire ? Est nouveau ce qui reprend quelque chose qui existait déjà, pour le transformer en beaucoup mieux. C'est ainsi que, par la Pâque, par la mort et la résurrection du Christ, le Père fait exister l'humanité du *Logos*, de cette existence à la fois filiale et divine qui est l'existence du Fils de Dieu. Par là même, une manière divine d'exister s'inscrit, se greffe sur le monde, par la résurrection, et transforme toute l'humanité de l'intérieur. C'est ce que nous verrons aux versets 12 et 13.

était vie,

L'imparfait indique, ici, quelque chose qui a été et n'est pas encore terminé, qui n'a pas cessé, qui se prolonge dans le temps. *Était vie*, et non « était la vie ». L'humanité ressuscitée du Verbe était vivifiante, comme Jésus le dit : *Le pain que je donnerai, c'est ma chair pour la vie du monde* (6,51) ; et encore : *Qui mange ma chair [...] a la vie éternelle* (6,54). Il dit de même : *Les paroles que je vous ai dites [...] sont vie* (6,63), source de vie pour l'homme. La Vie, dans l'évangile de Jean, est la Vie éternelle, c'est-à-dire connaître le Père et son envoyé Jésus Christ (17,3) ; c'est le point d'orgue du prologue.

Cette humanité était vie ; intimement associée au *Logos*, elle était vie comme lui. Cette chair ressuscitée était vie, par sa participation à la vie divine du Verbe, à la vie éternelle de Dieu. Jean emploie l'imparfait « était », car cette chair créée participe à l'éternité de Dieu, dans une manière divine d'exister. Elle était vie, comme le Verbe, comme Dieu, mais par le Verbe. Elle était source de la nouvelle création. En elle, était déjà en germe le renouvellement du monde. Elle était vivifiante : elle donnait la vie.

et la vie était la lumière des hommes.

Le *Logos* est orienté vers les hommes, puisqu'il est un légat pour les hommes. La vie que son humanité ressuscitée communique aux hommes, est ainsi pour eux la lumière qui transforme leur vie. Le Messie n'avait-il pas été annoncé par Isaïe, comme la lumière des nations (Is 42,6 ; 49,6) ? La vie communiquée par la chair ressuscitée du *Logos* était donc lumière, la lumière de la vie (8,12) que Jésus promet à ceux qui le suivent et qui doit leur communiquer la vie, comme saint Jean l'expliquera aux versets 12 et 13.

Comment ne pas faire un parallèle avec la création telle que la rapporte la Genèse ? En effet, *Dieu dit : que la lumière devienne et la lumière devint* (Gn 1,5). La lumière cachée dans le Principe devint (Gn 1,1), et ce fut le jour Un, jour de la résurrection de Jésus. Elle « devint », non seulement pour éclairer la route des hommes, mais aussi pour transformer leur vie, pour qu'ils soient eux aussi lumière, pour qu'ils vivent. Le reflet de cette lumière s'introduit en chaque créature, lui insufflant la force et la possibilité de se conformer au but, d'être transformée en Lumière. Chacune devait être transformée et devenir

Lumière ! (cf. Mt 5,14). Cette lumière était, de façon encore cachée, la lumière pascale. Dieu la gardait cachée, jusqu'au moment choisi par lui pour la révéler, à la plénitude des temps.

La vie a commencé à être lumière des hommes, quand la chair du *Logos* devint ; et elle est pour toujours lumière, puisque cette chair participe, par la résurrection, à l'éternité du *Logos*, comme nous l'avons vu. Bien sûr, pour que la vie soit lumière pour les hommes, il fallait que les hommes existent ; pourtant, dit Jean, elle « était » la lumière des hommes : le verbe à l'imparfait indique l'éternité ; cette vie était, en effet, la vie même du *Logos* et elle était lumière des hommes qui étaient cachés en Dieu de toute éternité.

Jésus déclare qu'il est la lumière (8,12) ; or le propre de la lumière, c'est de se montrer par son propre éclat. La vie se communique aux hommes à l'état de lumière, de lumière vivante qui conduit à la vie, car la lumière pascale éclaire la route des hommes, elle leur permet de se diriger, de voir le chemin où ils mettent leurs pas et de se décider librement pour elle ou contre elle. En fait, vie et lumière ne peuvent se séparer. La lumière de la vie est la lumière qui jaillit sans cesse du ressuscité, et qui invite les hommes à participer à cette vie, en les transformant.

La vie et la lumière sont deux façons de parler du *Logos*. C'est par le *Logos*, par sa lumière, que tous sont transformés en lumière de la présence de Dieu. C'est l'accomplissement messianique des paroles d'Isaïe : *Ce ne sera plus le soleil qui te servira de lumière pendant le jour, ni la lune qui t'éclairera de sa lueur ; mais l'Éternel sera ta lumière à jamais* (Is 60,29).

La victoire de la lumière (Jn 1,5)

5 Et la lumière dans la ténèbre illumine

et la ténèbre ne la saisit pas.

et la lumière illumine dans la ténèbre,

La lumière illumine : le verbe est au présent ; l'action se prolonge encore aujourd'hui, sans que soit précisé quand elle a commencé ; d'après ce qui précède, on peut penser que le point de départ est la nouveauté advenue dans le *Logos*.

La lumière pascale est cachée en Dieu. Mais en Dieu il n'y a pas un avant et un après ; il y a un éternel présent. En Dieu, il ne saurait y avoir le temps qui interfère. Cependant, comme le dit Origène, « c'est l'ordre logique qui exige un premier, un second et ainsi de suite, même si on ne saurait trouver de temps où ce que notre raison suppose troisième ou quatrième n'existait pas » (*In Io* II,131). La lumière qui illumine, c'est la lumière pascale qui éclaire notre ténèbre pour la faire disparaître ; elle montre le péché et la route où nous devons marcher ; elle transforme, elle est divinisatrice.

D'ailleurs, dire que la vie est lumière pour les hommes, sous-entend qu'ils étaient dans la ténèbre, que leurs actions étaient mauvaises et qu'ils avaient besoin de lumière pour voir leur état.

La lumière est première, elle est de l'ordre de l'être ; la ténèbre, par contre, est absence de lumière. Elle est étrangère à Dieu, à son être, sans aucune emprise sur sa lumière. Quelle est cette ténèbre ? Jean ne le dit pas. On peut s'en faire une idée par son évangile. La ténèbre pourrait bien être de ne pas vouloir croire, de se fermer à la lumière. F.M. Braun explique que « les ténèbres caractérisent l'état dans lequel s'est mis le genre humain, de par sa résistance à la lumière ».

Le monde de la ténèbre préexiste aux hommes, c'est le domaine de Satan, du mal, de l'iniquité. La ténèbre atteint ensuite les hommes, comme l'indique le troisième chapitre de la Genèse. C'est donc dans le genre humain résistant à la lumière, que la lumière illumine.

Notre Sauveur, écrit Origène, « devient la lumière des hommes lorsque, aveuglés par le vice, ils ont besoin de lumière qui luit dans la ténèbre et que la ténèbre ne saisit pas ; car, si les hommes n'avaient pas été dans la ténèbre, il ne serait pas devenu la lumière des hommes » (*In Io.* I,20).

La lumière est comme projetée dans la ténèbre, à l'instar du soleil qui éclaire les ténèbres à son lever et chasse la nuit qui ne peut l'empêcher de briller (cf. Lc 1,78 ; Is 9,1 ; 42,7). On peut aussi la comparer à un flambeau qui brille dans la nuit. Aussi saint Jean a-t-il pu écrire, dans sa première lettre : *La ténèbre est en train de passer et la lumière, la véritable, brille déjà* (1 Jn 2,8). Cette lumière est bien la lumière qui illumine la ténèbre ; et plus : la ténèbre devient lumière. Que l'on pense à la guérison de l'aveugle-né (9,32.39).

et la ténèbre ne la saisit pas.

La lumière pascale illumine dans la ténèbre et rien ne peut l'en empêcher ; rien ne peut la saisir.

Le verbe « saisir » est à l'aoriste, ce qui indique une constatation générale, toujours actuelle. Satan a essayé d'empêcher la lumière de luire, mais il n'a pas pu la saisir pour s'en emparer et pour la neutraliser. A quoi cela fait-il allusion ? Au Golgotha probablement, car c'est de là que la lumière pascale a jailli, une fois vaincu le prince des ténèbres.

La lumière est le symbole de la vie, la ténèbre est le symbole du mal, de la mort ; et Dieu n'a rien à voir avec la ténèbre.

Bien que les hommes n'aient pas voulu quitter leur ténèbre, se convertir, jamais la ténèbre ne pourra empêcher la lumière pascale de briller. Mais il ne suffit pas qu'elle brille, car elle brille dans un but précis : pour donner la vie. Cela nous conduit à nous arrêter sur le cheminement de la lumière dans le monde.

La nouvelle création
Jn 1,6-13

Jean a présenté le *Logos* lumière, tourné vers Dieu et tourné vers les hommes ; et nous avons vu la lumière pascale briller de tout son éclat.

Nous sommes invités maintenant, à suivre le chemin de cette lumière dans le temps : tout d'abord sa venue, puis l'accueil qui lui est fait ; enfin la transformation qui en résulte, quand elle est reçue.

Jean, témoin de la lumière (Jn 1,6-8)

> 6 Devint un homme envoyé de chez Dieu ; son nom [était] Jean.
>
> 7 Celui-ci vint comme témoin, pour qu'il témoignât au sujet de la lumière, afin que tous crussent par lui.

La lumière pascale était cachée en Dieu depuis toujours. Il n'y a pas un avant et un après, en Dieu ; il y a un éternel présent, comme nous l'avons dit. Mais cette lumière déroula son action dans le temps. Du point de vue de l'histoire, la lumière pascale est apparue au terme des années que Jésus a passées sur la terre, lui qui était la lumière.

L'auteur du quatrième évangile ouvre le devenir de cette lumière dans le temps, en faisant entrer en scène Jean le précurseur, le témoin privilégié de la lumière. Non pas de la lumière divine qui irradie la chair du Fils de Dieu au sein de la Trinité, mais de cette lumière cachée dans l'homme Jésus.

Brusquement donc, le prologue passe de l'en dehors du temps, au temps, et Jean sert à faire ce passage.

Devint un homme envoyé de chez Dieu ; son nom [était] Jean.

« Devint » est employé ici pour la troisième fois depuis le début du prologue, après « ne devint aucune chose » et « ce qui devint en lui ». Jean était lui aussi de toute éternité dans la pensée de Dieu, et à un moment, il devint. Il apparaît sur la terre, de chez Dieu. Il est *envoyé de chez Dieu*. L'expression indique qu'il s'agit d'un prophète, comme Moïse (Ex 3,12), Isaïe (Is 6,8), Jérémie (1,7).

Il s'agit d'un homme dont le nom est Jean. Quel est ce Jean ? Le baptiste, d'après les renseignements fournis plus loin (1,33). Mais pour l'instant il est simplement dit qu'il a été envoyé par Dieu. Jésus d'ailleurs, parlant de lui, l'appelle Jean, sans autre qualificatif (5,33).

Dans le prologue, Jean annonce la lumière à tous, c'est-à-dire aux nations ; plus loin, par contre, il est dit qu'il vient pour un baptême dans l'eau, en vue de la manifestation à Israël (1,31). Voilà très probablement la raison pour laquelle, ici, il n'est pas appelé le baptiste.

Il vint comme témoin,

Jean vient avant tout comme un témoin, avant de venir pour baptiser.

Un témoin atteste de ce qu'il a vu. Mais, comme le dit Ignace de la Potterie, pour les hommes qui témoignent d'une réalité céleste « une dissociation s'opère entre l'objet de la vision et celui du témoignage : l'événement qu'on a vu donne connaissance d'autre chose qu'on ne voit pas, et c'est de cette réalité cachée qu'on témoignera. » C'est bien ce qui arrive pour Jean.

pour qu'il témoignât au sujet de la Lumière, afin que tous crussent par lui.

Dans le quatrième évangile, c'est par Jean, le précurseur, que Jésus a été reconnu pour ce qu'il était : la lumière. Saint Luc, lui, fait remonter la manifestation de Jésus comme lumière à la présentation au Temple. Syméon a reconnu le Messie dans le petit enfant apporté au Temple ; il a reconnu en lui, la lumière pour tous les peuples (Lc 2,32).

Quoi qu'il en soit, la lumière a beau briller sans pouvoir être mise sous le boisseau par la ténèbre, il fallait un témoin qui la désigne comme lumière, car la lumière du Fils de Dieu était cachée dans l'humanité prise par le *Logos*.

De quoi Jean a-t-il donc témoigné ? La suite de l'évangile rapporte qu'il a vu Jésus arriver au bord du Jourdain (1,29) ; il a vu l'Esprit Saint descendre sur lui après l'avoir baptisé, et il a témoigné qu'il est le Fils de Dieu (1,34) — c'est-à-dire le messie (1,45.49) —, l'Agneau de Dieu qui enlève le péché du monde (1,29.36) : l'Agneau pascal, offert sur la croix (19,36) et ressuscité (Ap 5,6-14) ; il a aussi rendu témoignage à la vérité (5,33).

Ici, il nous est dit qu'il vint pour rendre témoignage à la lumière. Mais en quoi tout ce qui nous est dit sur le témoignage de Jean, est-il en lien avec la lumière ? Nous sommes loin, assurément, de la vivacité de la lumière pascale ! Et pourtant, c'est déjà elle, bien que voilée, qui est présente.

Le témoignage de Jean avait un but précis : faire adhérer tous les hommes à la lumière, par la foi. Croire, c'est découvrir dans la chair assumée par le *Logos*, la Lumière. Le verbe croire n'a pas de complément. Il faut sous-entendre : en la lumière (cf. 12,35.36.46).

La Lumière illumine, mais il faut un témoin qui la fasse découvrir, pour pouvoir croire. La foi n'est pas autre chose qu'être illuminé par la Lumière divine, mais encore faut-il quelqu'un qui apprenne à la voir.

Jean a été envoyé pour tous, avons-nous dit ; cela paraît une mission inouïe, étant donné qu'il vivait dans un désert. Mais en témoignant de la lumière, Jean témoigne de la dimension universaliste de la mission de Jésus.

Il montre donc la lumière cachée sous l'humanité prise par le *Logos*, pour que tous croient grâce à son témoignage.

> 8 Celui-là n'était pas la lumière, mais [il vint] pour qu'il témoignât au sujet de la lumière.

Jean n'était pas la lumière : *Celui-là [Jean] était la lampe qui brûle et illumine ; vous, par contre, vous avez voulu exulter pour une heure à sa lumière* (3,35), dira Jésus. Tout comme *Jean déclara, et ne nia point : « Moi, je ne suis point le Christ »* (1,20), il n'est pas non plus la lumière. La lumière, c'est celui qui a dit : *Je suis la lumière du monde* (8,12). Jean, lui, témoigne de la lumière en prêchant la conversion (1,23) et en baptisant dans l'eau (1,26), en préparant les cœurs à recevoir la lumière.

La lumière vint chez elle (Jn 1,9-11)

9 Elle était la lumière, la véritable, qui illumine tout homme, en venant dans le monde.

10 Dans le monde elle était, et le monde, par elle, devint, et le monde ne la connut pas.

11 Dans son bien propre elle vint, et les siens propres ne l'accueillirent pas.

Elle était la lumière, la véritable, qui illumine tout homme,

La lumière dont Jean a témoigné, était la lumière pascale encore voilée, *la lumière, la véritable*. Pourquoi *la véritable* ? (Cf. 1 Jn 2,8). Ce qualificatif se retrouve à propos d'autres réalités, dans le quatrième évangile. Jésus dit qu'il est *le pain, le véritable*, car descendu du ciel pour donner la vie au monde (6,32) ; la vigne encore est la véritable, la seule qui permette de porter des fruits aux sarments (15,4-6). Véritable est lié au don de la vie. *La lumière, la véritable*, est celle qui donne la vie.

La Vie se manifeste aux hommes comme Lumière et tous les hommes sont concernés : on reconnaît l'universalisme messianique, qui dépasse Israël. Syméon lui aussi l'avait compris ; quand il reçoit l'enfant dans ses bras, il s'écrie : *Mes yeux ont vu ton salut [...], Lumière pour éclairer les nations et gloire de ton peuple, Israël* (Lc 2,30.32). La lumière passe avant la gloire, comme dans le prologue. Le salut messianique est destiné à tous.

en venant dans le monde.

La lumière illumine depuis toujours ; mais *en venant dans le monde*, elle pouvait être perçue par les hommes.

Venir dans le monde fait penser au prophète annoncé, qui devait venir dans le monde (6,14). La lumière est venue dans le monde. Pourquoi ? Parce que Dieu a tant aimé le monde, qu'il a voulu le sauver (3,16), comme le dit Jésus lui-même.

On peut constater que la lumière n'est mentionnée que dans la première partie de l'évangile de Jean (1-12). Elle ponctue les grands épisodes de la vie de Jésus et n'est pas focalisée sur la transfiguration, comme dans les évangiles synoptiques. En chacun d'eux, Jésus dégage une dimension particulière de l'action de cette lumière venue dans le monde. Nous allons en rappeler les points essentiels.

Dans l'entretien avec Nicodème, la lumière opère un jugement :

Ceci est le jugement : la lumière est venue dans le monde et les hommes aimèrent plus la ténèbre que la lumière, car leurs œuvres étaient mauvaises. Car quiconque fait le mal, hait la lumière, et ne vient pas vers la lumière, afin que ses œuvres ne soient pas réprouvées (3,19-20).

Après le pardon de la femme adultère, Jésus déclare :

Moi, je suis la lumière du monde ; celui qui me suit ne marchera pas dans la ténèbre, mais il aura la lumière de la vie (8,12).

La lumière du monde se manifeste, en ne condamnant pas la femme adultère (8,1-20). La lumière éclaire par la miséricorde.

Avant de guérir l'aveugle-né, Jésus se déclare la lumière du monde ; il est venu pour les aveugles :

Tant que je suis dans le monde, je suis la lumière du monde (9,5).

Avant de réveiller Lazare, Jésus rappelle que la lumière permet de marcher sans trébucher, c'est-à-dire dans la voie des commandements de Dieu :

Est-ce qu'il n'y a pas douze heures de jour ? Si quelqu'un marche pendant le jour, il ne trébuche pas, parce qu'il voit la lumière du monde ; si, par contre, quelqu'un marche pendant la nuit, il trébuche, parce que la lumière n'est pas en lui (11,9-10).

Avant d'entrer dans sa passion, enfin, Jésus explique que croire en lui, fait sortir de la ténèbre et venir à la lumière :

La lumière est parmi vous encore un peu de temps. Marchez tant que vous avez la lumière, pour que la ténèbre ne vous saisisse pas. Car celui qui marche dans la ténèbre ne sait pas où il va. Tant que vous avez la lumière, croyez en la lumière, afin que vous deveniez fils de lumière [...].

Moi, lumière, je suis venu dans le monde, pour que quiconque croit en moi ne demeure pas dans la ténèbre (12,35-36.46).

Si Jésus est venu dans le monde, c'est en qualité de lumière, une lumière perçue par la foi et qui chasse la ténèbre en celui qui croit. Se convertir à la lumière est le contraire de l'incrédulité.

Dans le monde elle était, et le monde, par elle, devint, et le monde ne la connut pas.

Ce verset comporte trois éléments.

Etant venue dans le monde (1,9), la lumière *était dans le monde*, dans l'humanité. L'imparfait indique une action qui dure encore. Jésus, la lumière, était dans le monde, lui qui a dit : *Je suis la lumière du monde* (8,12). Pourtant, à la dernière Cène, il dira : *Je ne suis plus dans le monde, eux sont dans le monde* (17,11) : Jésus quitte le monde par sa Pâque. Dire que la lumière était dans le monde, renvoie donc à la vie terrestre de Jésus : maintenant, il n'est plus dans le monde, il est auprès du Père, mais il reste la lumière du monde.

Et la présence de la lumière dans le monde, a exercé une action sur le monde. Il *devint* : le verbe est à l'aoriste, ce qui indique une action passée. Le monde a reçu de la lumière une existence nouvelle. La nouveauté pascale reprend l'ancien monde pour le transformer ; mais cela nécessite un consentement des hommes.

Pourtant, *le monde ne connut pas* cette lumière ; il opposa un refus à l'amour offert ; il refusa la communion qui lui était proposée. Face à la lumière, un choix est nécessaire. Par ce choix, chacun se juge lui-même (3,19-21). La lumière, en effet, invite les hommes à reconnaître leur cécité (9,40). En refusant la lumière, ils s'enferment dans un aveuglement volontaire (9,39).

Le mot « monde » revient trois fois en un verset. Mais qu'est-ce que le monde ?

Le monde est ce qui était caché en Dieu et qui apparaît. C'est le lieu d'apparition de ce qui était caché dans la Sagesse : le caché devient réel. Ainsi, à un premier niveau, il y a passage du non être à l'être. Mais il y a plus. A un second niveau, par la lumière de la résurrection, par la lumière pascale, il y a transformation de l'existence humaine en fils de Dieu ; cette transformation se fait dans notre liberté, par l'action de l'Esprit. C'est ainsi que par la lumière pascale, le monde devint, le monde nouveau. Mais nous avons un consentement à donner, pour que cela advienne.

Ainsi, le monde a un lien très étroit avec la lumière, car elle lui donne la vie ; mais ce monde ne l'a pas connue, il a refusé d'entrer dans l'alliance qui lui était proposée. Il y a un contraste entre ce qui est donné à l'humanité et ce qu'elle a fait du don.

Dans son bien propre elle vint, et les siens propres ne l'accueillirent pas.

Le verset 11 surenchérit sur le verset 10. L'évangéliste le reprend, sous une autre forme, et met en relief le lien personnel qui unit la lumière au monde, dans une appartenance étroite. Il montre à quel point la lumière était proche des hommes. Elle est venue dans le monde qui est *son bien propre*, et les *siens propres* ne l'ont pas accueillie ; il s'agit probablement de ceux qui ont entendu la prédication de Jésus et se sont opposés à lui. Ils ont refusé la conversion que cela impliquait : marcher dans la lumière, passer de la mort à la vie par la charité.

Les deux verbes sont à l'aoriste : ils indiquent un fait passé. Ils renvoient au temps de la vie terrestre de Jésus. Les *siens propres* semblent donc bien être les contemporains de Jésus.

Devenir enfants de Dieu (Jn 1,12-13)

La Lumière qui est en Dieu est venue illuminer le monde : certains l'ont reçue, d'autres non. Jean nous parle maintenant de la vie que produit la lumière de la vie, en ceux qui se sont ouverts à elle.

> 12 A tous ceux qui la reçurent
>
> elle leur donna pouvoir de devenir enfants de Dieu,
>
> aux croyants en son Nom,
>
> 13 qui, ni de sangs, ni de volonté de chair,
>
> ni de volonté d'homme,
>
> mais de Dieu,
>
> furent engendrés.

A tous ceux qui la reçurent,

La lumière est proposée à tous, mais tous ne la reçoivent pas : il faut une adhésion libre de chacun, personnelle. Recevoir, en fait, c'est accepter de donner quelque chose à la lumière : en recevant d'elle, nous lui permettons de nous donner. En acceptant de recevoir la lumière, nous permettons à Dieu de nous donner, nous lui permettons d'être notre Père. La suite du verset explique quel est ce don que nous recevons.

elle leur donna pouvoir de devenir enfants de Dieu,

A ceux qui reçoivent la lumière, qui l'accueillent, un don est fait : devenir enfants de Dieu, passer de la mort à la vie. C'est un don, le don d'un pouvoir (*exousia* : autorité, compétence), ce qui à première vue, semble contradictoire.

Une première remarque : dans l'évangile de Jean, « pouvoir » est toujours présenté comme un don, que ce soit le pouvoir de ressusciter les morts, pour Jésus, ou le pouvoir de Pilate sur Jésus (5,27 ; 10,18 ; 17,2 ; 19,11). Le pouvoir donné est donc une capacité qui est l'œuvre de Dieu et qui, en même temps, engage la liberté de l'homme. La grâce de Dieu et la liberté de l'homme sont comme emboîtées l'une dans l'autre. C'est ce que les Pères grecs expliciteront en parlant de synergisme : tout est de Dieu et tout est de l'homme ; l'action de Dieu est intérieure à l'action de l'homme.

La lumière pascale donne le pouvoir de devenir enfants de Dieu à ceux qui la reçoivent. C'est le don de l'énergie pascale, qui fait participer à l'engendrement du Fils par le Père et transforme ainsi notre vie.

Jésus ressuscité vient en nous, pour y faire resplendir la gloire de la résurrection. Alors notre existence commence à exister vraiment ! C'est la vraie création.

Ceux qui ont reçu la lumière, qui l'ont reçue vraiment en se laissant illuminer par elle, en quittant leurs œuvres mauvaises, reçoivent d'elle participation à la vie de Dieu, puisque c'est la vie qui est leur lumière. C'est une expérience de résurrection, une régénération, une entrée dans la vie éternelle. On peut ainsi devenir ce que l'on est ; on a pouvoir de le devenir. Comment ? En vivant dans la charité, en ayant des pensées qui sont celles de Dieu, en faisant des œuvres qui sont celles de Dieu.

Ce pouvoir ne met pas celui qui le reçoit dans un état statique, où il serait installé une fois pour toutes, de façon immuable. C'est une réalité toujours en devenir. On devient enfant de Dieu, on ne l'est pas une fois pour toutes. C'est aller « Celui qui monte ne s'arrête jamais d'aller de commencement en commencement, par des commencements qui n'ont pas de fin », comme disait Grégoire de Nysse.

Cette naissance est de tout moment et pour l'éternité. Elle est jaillissement de vie dans le cœur de l'homme, dans notre cœur ; elle est une nouvelle création qui chasse à chaque instant la ténèbre de nos vies. Cette naissance continue se passe dans l'homme intérieur, dans notre liberté saisie par l'Esprit. Par cette naissance, par la résurrection du Christ à l'œuvre dans notre liberté, celle-ci devient spirituelle (*pneumatikos*). C'est le mystère de la deuxième naissance dont Jésus a parlé à Nicodème (3,3-8), de la deuxième création ; ainsi, nous participons à cette réalité sans pareille : devenir enfants de Dieu dans le Ressuscité, fils dans le Fils.

Tekna, enfant, désigne le lien du sang (cf. 1 Jn 5,12) ; ce mot signifie « enfants par génération » et non par adoption, et donc participation à la filiation éternelle du Fils. Il n'a pas encore été question du Fils de Dieu, mais cela est sous-entendu.

Cette naissance continue se fait dans notre liberté, quand elle est saisie par le Christ. La lumière de la vie, qui était de toute éternité, était le but de la création ; cachée d'abord en Dieu, elle a été révélée et elle a brillé comme au premier jour de la création. Le monde devait être transformé et devenir Lumière !

aux croyants en son Nom,

Tous ceux donc qui ont reçu la lumière — le *Logos*-lumière —, ce sont ceux qui ont foi *en son Nom*. Le Nom manifeste la personne (2,23 ; 3,18 ; 1 Jn 3,22 ; 5,13), mais Jean ne nous dit pas encore quel est ce Nom. Il faudra attendre le dernier verset pour le connaître. Il est vrai que son évangile associe « Fils de Dieu », au Nom (3,16-17.36).

La prière sacerdotale de Jésus donne un éclairage sur ce Nom. A la veille de sa mort, Jésus prie ainsi le Père : *Père saint, garde-les dans ton Nom que tu m'as donné [...]. Quand j'étais avec eux, moi je les gardais dans ton Nom que tu m'as donné* (17,11-12). Le Fils reçoit du Père son Nom, c'est dire que le Père lui fait don de lui-même. Croire *en son Nom*, c'est croire en celui qui vient du Père, qui connaît son dessein éternel et le réalise. Parler du Nom, c'est déjà parler du Père, en toute clarté. Car le Nom du *Logos*-lumière, c'est le Nom du Père, celui que le Père a donné à Jésus, son Fils.

La foi est présentée comme une adhésion au Fils reconnu comme Fils de Dieu et révélateur des mystères du Père. Mais le Nom de celui à qui on adhère par la foi, n'est pas encore explicitement dévoilé.

qui, ni de sangs, ni de volonté de chair, ni de volonté d'homme, mais de Dieu, furent engendrés.

Croire *en son Nom*, c'est participer à l'engendrement du Fils par le Père, qui transforme notre vie. C'est l'accomplissement du Mystère de la lumière qui devint, au jour Un de la création (Gn 1,3).

Pour devenir enfant de Dieu, il faut avoir été engendré par Dieu. Cet engendrement se fait par l'Esprit (3,6-7), l'Esprit d'adoption, qui continue en nous le mystère pascal ; il est une présence transformante active.

L'engendrement par le Père est inséparable, ici, de la foi. La première lettre de Jean nous dit aussi, que quiconque croit que Jésus est le Christ, est engendré de Dieu. Engendrer est un acte qui caractérise Dieu : il est Père (cf. 1 Jn 5,1).

Cet engendrement est participation à l'engendrement de Jésus au moment de la résurrection : *Moi, aujourd'hui, je t'ai engendré* (Ps 2,7), qui n'est autre que son engendrement éternel, rejaillissant sur son humanité. En effet, Fils de Dieu de toute éternité, Jésus devient pleinement Fils de Dieu comme homme, par la résurrection. Et par le don de son Esprit, il fait entrer les hommes qui ont cru en la lumière (12,36) — la lumière pascale —, dans son engendrement éternel. Mais c'est la liberté de l'homme qui reçoit ce don : le Ressuscité ne l'impose pas. Il doit être librement reçu. Il faut devenir ce que l'on est. C'est la réalisation de la nouvelle création annoncée par l'emploi de *En archè*, dès le premier verset du prologue.

L'engendrement indique une participation de celui qui est engendré, à la vie de celui qui engendre, à ce qu'il est. La même sève passe de l'un à l'autre, une relation profonde s'établit entre les deux, une communion. Celui qui est engendré de Dieu par le Saint-Esprit (3,3.7), participe à l'engendrement du Fils par le Père, il est introduit dans la Trinité pour naître dans le Fils, ce qui transforme toute sa vie. C'est inouï pour des créatures, car nous n'existons pas depuis toujours, comme c'est le cas pour Fils. Il sera question de cet engendrement unique du Fils dans la suite du texte : Jean parle de Monogène, par deux fois (1,14.18).

Les hommes avaient été coupés de la Vie, depuis qu'ils avaient été chassés du paradis terrestre et que les chérubins gardaient le chemin de l'arbre de vie (Gn 3,34). Il leur faut une recréation pour retrouver la vie de Dieu. Elle se réalise en étant engendrés par lui.

Cet engendrement ne dépend pas « des sangs », c'est-à-dire des générations humaines, de la race. Être de la descendance d'Abraham, appartenir à sa lignée (cf. 8,9), n'y contribue en rien. Cet engendrement est spirituel, il n'a rien de commun avec un engendrement charnel. Pas plus qu'il ne dépend de sangs, il ne dépend de la volonté de la chair : celle des époux ; ou de la volonté de l'homme (*âner*). Dieu seul en est l'auteur. Ceci sera développé par Jésus, dans le discours à Nicodème ;

Celui qui a été engendré de la chair est chair,

et celui qui a été engendré de l'Esprit est esprit (3,6-7).

Il faut comprendre « est esprit », comme : devenu *pneumatikos.*

Le verbe engendrer est à l'aoriste, dans le verset que nous étudions : *Furent engendrés* ; c'est une réalité qui est antérieure au pouvoir de devenir enfants de Dieu. La semence que le croyant porte en lui, est destinée à grandir jusqu'à rendre ceux qui la possèdent, toujours plus enfants de Dieu : elle s'épanouit en divinisation.

Nous retrouvons l'engendrement annoncé dans le prologue, dans la suite de l'évangile de saint Jean ; les signes de la Pâque annoncent les sacrements, par lesquels les hommes sont engendrés de Dieu. On devient sans cesse davantage ce que l'on est devenu : enfant de Dieu.

Le *Logos*-Monogène

Après avoir mis sous nos yeux la trajectoire de la lumière, du sein de la Trinité jusque dans la liberté de l'homme, Jean nous indique comment cela a été possible : *Le* Logos*, chair, devint.* L'inouï devint : Dieu est descendu vers les hommes jusqu'à devenir un des leurs. Ainsi Dieu s'est rendu visible, solidaire de tous les hommes, pour leur faire partager sa vie. Celui qui s'est ainsi abaissé, n'est autre que le Fils unique. Et celui-ci a manifesté sa gloire pour faire connaître le Père.

L'Incarnation, prélude à la lumière pascale Jn 1,14-17

Après avoir mis devant nos yeux la lumière pascale, Jean nous montre son enracinement : le *Logos* permet la divinisation des hommes, car il devint chair. Et à travers la gloire de cette chair, les apôtres ont pu apercevoir qui il était : celui qui était, de toute éternité, tourné vers le Père, est le Monogène.

Quelle gloire ? (Jn 1,14)

14 Et le *Logos*, chair, devint
et dressa sa tente en nous,
et nous contemplâmes sa gloire,
gloire comme [celle] d'un unique engendré
[venant] de chez un père plein de grâce et de vérité.

Une question se pose : comment comprendre les trois « et » (*kai*) du verset 14 ? Il ne s'agit pas d'un événement qui ferait suite à ce qui est décrit dans la strophe précédente, puisqu'il a été question de la glorification de la chair du *Logos*, donc de l'incarnation, dès le verset 4. La naissance nouvelle ne peut d'ailleurs pas se comprendre en dehors d'elle. Pour ma part, je comprends ainsi le verset : « Non seulement le *Logos*, chair, devint et dressa sa tente en nous, mais encore nous contemplâmes sa gloire [...]. »

Et le* Logos, *chair, devint et dressa sa tente en nous,

Recevoir une participation à la vie de Dieu, à la filiation divine, comment est-il possible ? C'est ce que Jean développe maintenant. Cette réalité repose sur un événement : *Le* Logos, *chair, devint.*

Cela n'est pas à comprendre comme une transformation du *Logos* en chair ; mais le *Logos* a assumé une nature humaine complète. La chair, c'est tout l'homme, sous son aspect d'être périssable et éphémère, faible et mortel coupé du monde d'en haut (cf. Is 31,3 ; Jr 17,56, 5 ; Ps 61,5 ; Gn 6,3 ; Is 40,6 ; Ps 78,39). Elle inclut le partage de la mortalité. Jésus n'a-t-il pas dit : *Amen, amen, je vous le dis : si le grain de blé tombé en terre ne meurt pas, il reste seul ; mais s'il meurt, il porte beaucoup de fruit* (12,24). La chair distingue l'homme, de Dieu.

On trouve une formulation plus évoluée dans la première lettre de Jean : *Jésus Christ venu dans la chair* (1

Jn 4,2). Mais *devint* n'est peut-être pas dépourvu d'une profonde signification. Devenir convient à ce qui est présent en Dieu de toute éternité et qui apparaît à un moment de l'histoire. C'est bien le cas du *Logos-Sarx*. Il était de toute éternité dans la pensée de Dieu. Car de toute éternité, Dieu a voulu des frères pour son Fils ; de toute éternité, il a pensé des fils, fils dans le Fils, à l'image du Christ, à l'image de celui réaliserait son dessein bienveillant, qui serait la Tête de son Corps, l'Eglise. Tout cela était caché dans la Sagesse et devint au moment voulu par Dieu.

La venue dans la chair est présentée comme le fait de dresser sa tente. On peut y lire une allusion à la tente de la rencontre (Pr 8,22-31), que les Hébreux avaient dressée dans le désert (Ex 33,7-11 ; Lc 26,12) ; elle a ensuite été remplacée par le Temple de Jérusalem (1 R 8,10-11). C'est encore une allusion à la Sagesse qui a dressé sa tente, d'abord dans les cieux, puis dans le peuple de Dieu :

J'avais planté ma tente dans les hauteurs
et mon trône était une colonne de nuée. [...]
Alors le créateur de toutes choses me donna ses ordres,
et celui qui m'a créée fit reposer ma tente ;
et il me dit : « Plante ta tente en Jacob,

aie ton héritage en Israël. »

Le *Logos* a planté sa tente en notre chair, en devenant chair, en assumant notre chair, comme dira le Concile de Chalcédoine. Sa chair est comparée au Temple du *Logos*, à travers la dimension liturgique du mot tente. Et plus : il a planté sa tente « en nous ». Cela nous renvoie au peuple d'Israël, parmi lequel Jésus a vécu toutes les années de sa vie terrestre. C'est la première fois que Jean, dans le prologue, mentionne la place tout à fait particulière occupée par Israël, pour que la lumière du *Logos* venue dans le monde, atteigne tous les hommes.

Mais le mot *sarx* a peut-être aussi un sens plus large que l'humanité propre au *Logos*. En devenant chair, le *Logos* rassemble en lui tous les hommes. Et donc, dresser sa tente *en nous*, peut vouloir dire aussi qu'il est présent dans toute l'humanité.

Dans le quatrième verset du prologue : *ce qui devint en lui était vie*, Jean envisageait la nature humaine assumée par le Verbe ; maintenant, il redit la même chose, mais en se plaçant du côté du *Logos* : *il devint chair*. Nous avons vu que la nature humaine prise par le *Logos*, a été élevée en Dieu par la résurrection ; mais cela n'a été possible que parce le *Logos* s'est abaissé, en quelque sorte.

et nous contemplâmes sa gloire,

Ce « nous » est celui de témoins oculaires de la vie terrestre de Jésus, le « nous » apostolique. L'évangéliste se place dans le groupe des apôtres. L'Église repose sur le témoignage apostolique et celui-ci, dans l'Église, permet d'entrer en communion avec le Père et le Fils. Jean est l'un des Douze, d'où le double « nous » du verset 14. Comme les autres apôtres, il a entendu l'enseignement donné par Jésus, durant sa vie publique (cf. les discours de l'évangile de saint Jean) ; il a aussi vu de ses yeux : il est témoin oculaire, non seulement de toute la vie publique de Jésus — baptême, guérisons, transfiguration, agonie —, mais aussi de sa gloire manifestée dans sa Pâque : croix - résurrection.

Il parle d'une expérience qui lui est commune avec les autres apôtres : une expérience de foi, qui s'appuie sur une expérience sensible, faite avec les sens : contempler. C'est l'expérience de l'humanité du Christ en qui Dieu s'est donné à voir. Mais elle diffère de celle que beaucoup de ceux qui ont connu le Christ, ont pu faire. Les apôtres, en effet, n'ont pas simplement fait l'expérience d'une proximité avec un homme appelé Jésus, pendant sa vie terrestre, mais aussi de son humanité, après la résurrection qui a suivi la mort sur la croix.

Le verbe contempler est à l'aoriste et indique donc un fait passé. De plus, pour Jean, contempler est associé à la foi (11,45) ; contempler exprime une vision sensible, expérimentale, une connaissance conduisant à la foi. Il s'agit donc d'une réalité en chair et en os ! Alors que voir avec les yeux de la foi continue, contempler est une expérience qui a été au fondement de la foi, mais qui a laissé place à la foi.

L'objet de cette contemplation, c'est la gloire du *Logos*, son poids d'amour. Elle a éclaté au travers des miracles faits par Jésus ; à Cana déjà, au début de son ministère public, sa gloire a été manifestée : *Tel fut le premier des miracles que fit Jésus, et il manifesta sa gloire, et ses disciples crurent en lui* (2,11). Mais la contemplation à découvert, de la gloire, sera pour plus tard. Jésus dit, en effet, dans le discours après la Cène : *Père, ceux que tu m'as donnés, je veux que là où je suis, moi, ceux-là soient avec moi, pour qu'ils contemplent ma gloire, que tu m'as donnée, parce que tu m'as aimé avant la fondation du monde* (17,24).

La gloire est un don qui vient de l'amour. Elle a été donnée au Monogène par le Père, de toute éternité et celui-ci le glorifie à nouveau dans sa Pâque : *Glorifie-moi, toi, Père, auprès de toi, de la gloire que j'avais auprès de toi avant que le monde existe* (17,5). Cette gloire a été communiquée alors, à la chair prise par le *Logos*. Et le Fils l'a communiquée à son tour, à tous ceux que le Père lui a donnés, *pour qu'ils soient un, comme nous sommes un* (17,22). La gloire est source d'unité pour les disciples de Jésus ; c'est elle, aussi, qui cimente l'unité du Père et du Fils. On voit se profiler le Saint-Esprit. Grégoire de Nysse dira que la gloire, c'est le Saint-Esprit : « Que le Saint-Esprit soit appelé gloire, aucun de ceux qui examinent la question ne saurait y contredire, s'il considère ces paroles du Seigneur : *La gloire que tu m'as donnée, je la leur ai donnée.* Effectivement, il leur a donné cette gloire quand il leur a dit : *Recevez le Saint-Esprit.* » La gloire est le poids de l'amour, elle est l'amour que le Père porte au Fils et que le Fils a communiqué aux disciples, le jour de la Pentecôte. Et alors, les apôtres ont pu contempler, en eux, comme la gloire d'un unique engendré.

gloire comme [celle] d'un unique engendré
[venant] de chez un père plein de grâce et de vérité.

Il faut essayer d'expliciter le sens de ce que dit Jean, car monogène, mais aussi père, n'ont pas d'article, dans le texte grec.

Voir la gloire de Jésus, ce n’est pas voir la gloire du *Logos*, car elle est vue à travers la chair. Cependant, bien que voilée, elle apparaît *comme celle d’un unique engendré*, seul à être engendré de la sorte.

Jean Chrysostome explique le sens du « comme » :

« Ce mot : “comme”, n'est point ici pour marquer une comparaison, un exemple, une similitude ; mais pour établir et pour fixer indubitablement la chose : de même que si l'évangéliste disait : Nous avons vu la gloire qui convient, qui est propre au vrai et à l'unique engendré de Dieu, roi de tout l'univers. C'est là une façon de parler usuelle, et je ne ferai pas difficulté d'invoquer cet usage à l'appui de mes paroles. Car il ne s'agit pas ici de beau langage ni de périodes harmonieuses, mais seulement de votre intérêt : c'est pourquoi rien ne nous empêche de tirer nos preuves de l'usage vulgaire. Quel est donc cet usage ? Vous allez l'apprendre : des personnes ont vu un monarque dans toute sa pompe et sa magnificence, il brille de toutes parts, il est tout couvert de pierres précieuses. S'il leur arrive de vouloir décrire à d'autres cette magnificence, cette pompe, ces ornements, cette gloire, ils peignent à leur manière, et comme ils peuvent, l'éclat de la pourpre, la grosseur des diamants, la blancheur des mules, l'or des harnais, le lustre des housses. Enfin, après avoir fait le récit de ces choses et de plusieurs autres, voyant qu'ils n'en peuvent pas bien représenter toute la richesse et la somptuosité, ils ajoutent aussitôt, mais pourquoi tant de paroles ? En un mot, il était comme un empereur, et par ce mot : “comme”, ils ne veulent pas dire un homme semblable à l'empereur, mais l'empereur lui-même. C'est donc en ce même sens que l'évangéliste s'est servi de ce mot : “comme”, pour montrer l'excellence d'une gloire incomparable. Tous les autres, les anges, les archanges, les prophètes exécutaient en tout, les ordres qu'ils avaient reçus : mais le Monogène agissait en tout avec l'autorité et la puissance qui n'appartient qu'au roi et au souverain Seigneur. Et voilà ce qui faisait l'admiration du peuple (Mt 7,28) ; c'est qu'il les instruisait comme ayant autorité » (*In Io* 2,1).

Le « comme » évite d'avoir à décrire la gloire. Car, qui a vu un unique engendré et la gloire qui est la sienne. « Unique engendré » renvoie à l'engendrement éternel, mais aussi à l'engendrement de Jésus Christ le jour de Pâques. Car le Père dit à son Fils le jour de Pâques : *Aujourd'hui, je t'ai engendré* (Ps 2,7). Paul, de son côté annonce *l'évangile de Dieu [...] concernant son Fils, qui est issu de la postérité de*

David, selon la chair, qui a été déclaré Fils de Dieu, avec puissance, selon l'esprit de sainteté, par sa résurrection d'entre les morts, Jésus Christ notre Seigneur (Rm 1,1-4). Fils de Dieu de toute éternité, Jésus l'est devenu pleinement en son humanité, par la résurrection.

La gloire du Ressuscité, que les apôtres ont contemplé, laisse entrevoir que celui dont elle émane, est un engendré qui ne ressemble pas aux autres. Il est *Unique engendré*, c'est-à-dire Fils unique, car il reçoit du Père la Vie qui est la sienne, cette Vie qui est Lumière et qui illumine.

Jean est le seul à employer le terme Monogène pour désigner le Fils unique (5,15 ; 3,16.18 ; 1 Jn 4,9). *Unique engendré* marque une différence entre lui et ceux qui ont été engendrés de Dieu ; son engendrement n'est pas semblable à ceux qui *furent engendrés de Dieu* et dont Jean vient de parler. Le Monogène est éternellement engendré et il a été engendré aussi, le jour de la Résurrection. D'où la gloire incomparable de son humanité que les apôtres ont contemplée.

Et les apôtres ont compris que la gloire du Monogène vient d'un père. L'unique engendré la reçoit d'une source, de celui qui l'engendre. D'où le « comme », qui montre que cela dépasse les capacités de l'intelligence humaine. Le légat du Père, qui a pris chair, est donc non seulement Lumière, mais Monogène. Ce père n'est pas contemplé ; il se laisse deviner en voyant la gloire du *Logos* devenu chair. Cette gloire est le reflet de la gloire d'un autre dont il tire son origine. Il ne la tient pas de lui-même.

La gloire du *Logos* fait chair, contemplée dans la foi, est comme celle d'un Monogène qui reçoit son poids d'un père ; il reçoit tout de lui (16,15). *De chez un père*, dit Jean. Un verset de l'évangile précise : *Je suis sorti de chez le Père et je suis venu dans le monde* (16,28). Les apôtres ont pressenti, en voyant cette gloire, qu'à la source de tout ce qu'il fait, de tout ce qu'il dit, de tout ce qu'il est, il y a la présence et l'amour du Père. A travers la gloire d'un Monogène, ils ont donc contemplé la gloire du père qui la lui communique. A la lumière du chapitre 17 de saint Jean, il possible de se faire une idée de cette gloire, comme nous l'avons dit.

Mais la gloire du Monogène est particulière, car il vient de chez un père *plein de grâce et de vérité*. Sa gloire porte donc la marque de ce père. « Grâce » et « vérité » sont deux termes qui qualifient Dieu, et plus précisément le Dieu de l'Alliance. *Plein de grâce et de vérité*, rappelle la prière de Moïse, lors de la conclusion de l'alliance au Sinaï. *Ayant invoqué le nom de Yahvé, Yahvé passa devant Moïse et cria : « Yahvé, Yahvé, Dieu de tendresse et de pitié, lent à la colère, riche en grâce et fidélité, qui garde sa grâce à des milliers, tolère faute, transgression et péché mais ne laisse rien impuni »* (Ex 34,6-7). En hébreu : *héséd ve émét.* Le texte de la Septante n'a pas traduit *héséd* par *charis*, mais le sens reste le même.

En effet, le mot *charis*, dans la Septante, traduit le mot hébreu *hen*, qui signifie littéralement « regarder en se penchant » et, au sens moral, « montrer de la faveur pour quelqu'un ». La grâce est à la fois miséricorde penchée sur la misère et fidélité aux siens, bonté gratuite et prévenante de Dieu, bonté du Dieu de l'alliance qui se penche sur les hommes pour les combler de ses bienfaits. La vérité, elle, est la solidité inébranlable, la plénitude de la vie véritable qui est dans le Père et à laquelle il veut associer les hommes. La grâce et la vérité ne renvoient pas à l'être de Dieu en lui-même, mais en tant qu'il les offre dans la faiblesse.

La gloire contemplée par les apôtres, est un tel poids d'amour, manifesté dans la faiblesse de la chair, qu'elle laisse pressentir que le père qui en est la source, est le Dieu de l'alliance. Cette gloire ne peut venir que d'un Dieu riche en pardon, plein de tendresse et de miséricorde, fidèle à ses promesses. C'est par lui, que les enfants de Dieu sont engendrés et entrent dans l'Alliance nouvelle.

C'est bien, en effet, dans la faiblesse de la chair, que la gloire de Jésus s'est manifestée : le Ressuscité, établi Fils de Dieu avec puissance par la résurrection, est celui qui a lavé les pieds de ses disciples (13,1-11), celui qui est mort sur la croix le vendredi saint (19,17-34).

Jean, témoin du Monogène (Jn 1,15-17)

De même que Jean avait servi à faire le passage de l'éternité au temps, dans la première partie, il sert maintenant à faire le passage du temps à l'éternité, à passer du *Logos* devenu chair (1,14), au *Logos* révélateur du Père (1,18).

Jean a rendu témoignage à la lumière dans la première partie. Maintenant, il témoigne au sujet du *Logos* devenu chair, dont les apôtres ont vu la gloire : c'est Jésus Christ, l'homme qu'il avait mission de désigner, et dont il témoigne qu'il existe de toute éternité, qu'il est l'envoyé du Père par qui tout nous est donné.

15 Jean témoigne à son sujet

et il crie, disant :

« Celui-ci était celui dont j'ai dit :
Celui qui vient derrière moi
est devenu devant moi,
car premier de moi, il était »,
16 en sorte que de sa plénitude, nous tous avons reçu,
et grâce après grâce ;
17 car la Loi, par Moïse, fut donnée,
la grâce et la vérité, par Jésus Christ, devint.

Présentation de Jean

Jean témoigne à son sujet et il crie, disant : « Celui-ci était celui dont j'ai dit

Jean témoigne encore aujourd'hui. Le verbe est au présent, et cela, bien que son témoignage soit du passé ; il garde, en effet, une valeur permanente. Et il crie encore maintenant : ce verbe est au parfait, mais il a un sens présent ; il marque la permanence des effets de l'action passée dans le présent. Le témoignage de Jean a une telle force, que l'évangéliste, son disciple, l'entend encore résonner dans ses oreilles, au moment où il écrit.

Aujourd'hui, Jean le précurseur témoigne encore que celui dont il a parlé dans sa prédication, était bien le *Logos* devenu chair. L'évangéliste appuie son propre témoignage sur celui du précurseur, capital à ses yeux. Et il en rapporte le contenu qui reprend, presque à l'identique, les paroles par lesquelles s'ouvre le ministère de Jésus (1,30).

Quel est ce témoignage de Jean ? L'évangéliste nous dit qu'il a porté sur le *Logos* devenu chair ; c'est à lui que renvoie « celui-ci ».

Contenu du témoignage de Jean

Qu'a dit Jean ? *Celui qui vient derrière moi est devenu devant moi, car premier de moi, il était*. C'est la déclaration qu'il a faite, au lendemain du baptême du Seigneur, alors que Jésus s'avançait ver lui (1,30), avec une différence cependant.

La présentation de Jean est au présent, comme nous venons de le voir, mais ce qu'il dit est au passé et non pas au présent, comme le lendemain du baptême :

C'est de lui que j'ai dit :

L'homme qui vient derrière moi

est devenu devant moi,

car premier de moi, il était (1,30).

Le témoignage rendu à Jésus, au moment où il commençait sa vie publique, concernait donc le *Logos* devenu chair, dans le prologue. Il comporte trois éléments dont nous allons essayer de comprendre la signification.

Celui qui vient derrière moi

A ceux qui lui demandaient pourquoi il baptisait, Jean avait répondu : *Au milieu de vous se tient celui que vous ne connaissez pas ; c'est lui qui vient derrière moi* (1,26-27). Jésus venait donc derrière Jean, et la triple répétition de ces paroles (1,15.26.30) montre l'importance dd son message.

Qui vient derrière Jean ? Au verset 30 du premier chapitre, c'est simplement « un homme ». Mais dans le prologue, c'est « celui qui ». Il s'agit de quelqu'un d'unique, et qu'il n'est pas nécessaire de nommer, pour indiquer de qui il est question. « Un homme » était vague ; cela se comprend, car alors Jean ne connaissait pas encore celui qu'il annonçait. Mais, dans le contexte du prologue, dire « celui qui » renvoie à quelqu'un d'identifiable ; Jean, ici, sait qui il est.

Il s'agit de quelqu'un qui est postérieur à Jean dans le temps. Il pourrait même être considéré comme son disciple, car « venir derrière » est une expression qui désigne le disciple d'un maître ; elle est fréquemment utilisée dans l'évangile de Matthieu (4,19 ; 10,38 ; 16,24). Cette constatation ne suffit pas, toutefois, à désigner celui dont parle le précurseur.

est devenu devant moi,

Celui dont parle Jean l'a dépassé. Il a ouvert les temps messianiques. Jésus, pourtant, semblait être un homme comme les autres ; rien ne le distinguait de Jean.

Dire qu'il est devenu devant Jean, laisserait penser qu'auparavant, il était inférieur au précurseur. Une troisième affirmation lève l'ambiguïté.

car premier de moi, il était,

Celui qui était disciple de Jean, en quelque sorte, puisqu'il venait derrière lui, est devenu devant et son rôle est bien supérieur à celui de Jean. Pourquoi ? *Car premier de moi, il était.* ὅτι introduit ici une proposition causale : Jean rend raison de son affirmation surprenante : *est devenu devant moi*.

« Premier » peut s'entendre sous divers angles. Ici, il semble préférable de le comprendre comme premier par ordre d'importance. Le *Logos* devenu chair était premier, car il existait avant Jean, bien que plus jeune que lui de six mois (Lc 1,24-26). Comme le disait le début du prologue, il était de toute éternité (cf. 8,58). Voilà la raison pour laquelle, aux yeux du précurseur, il *est devenu devant moi.* Jean affirme très clairement l'origine céleste et terrestre de Jésus.

Réflexion de l'évangéliste

en sorte que de sa plénitude, nous tous avons reçu, et grâce après grâce ;

L'évangéliste prolonge maintenant le témoignage du précurseur et en tire la conséquence. ὅτι introduit ici une proposition consécutive : *en sorte que de sa plénitude, nous avons tous reçu.* Or, recevoir, c'est exister. En recevant ce que le *Logos* devenu chair nous donne, nous recevons de lui une nouvelle manière d'exister. Mais la plénitude qui est la sienne, il l'a lui-même reçue *d'un père plein de grâce et de vérité.* Le Père a tout donné à son Fils et le Fils a tout reçu du Père. Tout ce que le Père a, est à lui (16,15) ; Dieu a tout remis en sa main (3,35). Il est donc lui-même *plein de grâce et de vérité*, et cette plénitude déborde jusqu'à nous, nous tous qui, ayant reçu la lumière pascale, avons été transformés par elle et sommes devenus enfants de Dieu (1,13). Cette surabondance de grâce nous renouvelle sans cesse et nous fait grandir dans la vie filiale, dans la participation à la vie de Dieu : nous naissons sans cesse, recevant *grâce après grâce*.

Mais comment est-il possible, de recevoir un tel don ?

car la Loi, par Moïse, fut donnée,

la grâce et la vérité, par Jésus Christ, devint.

Le troisième ὅτι a un sens causal, comme le premier : il sert à expliciter la raison de l'affirmation exorbitante de l'évangéliste, en mettant en parallèle la médiation exercée par Moïse et celle exercée par Jésus Christ, qui est ainsi identifié au *Logos* fait chair, de qui nous avons reçu grâce après grâce.

La médiation exercée par chacun est différente. La Loi, don extérieur, fut donnée par Dieu aux hommes, par l'intermédiaire de Moïse (7,19 ; Ex 31,18 ; 34,6), le plus grand des prophètes, mais un homme comme les autres. En revanche, ce qui est confié à Jésus Christ, la grâce et la vérité, devint par lui, en ceux qui croient. Grâce et vérité étaient présentes dans le Père et, par le Fils, elles deviennent en nous.

En effet, tout devient par le *Logos*, tant dans l'ordre de la venue à l'existence, que dans celui de la grâce. La grâce et la vérité deviennent donc aussi par lui, mais par le *Logos* fait chair, qui n'est autre que Jésus Christ : c'est par lui que la tendresse du Dieu de l'alliance parvient aux hommes. Dieu est fidèle à son alliance. Le parallèle avec Moïse montre qu'il est le médiateur de la nouvelle alliance.

Si c'est par Jésus Christ que nous recevons, c'est qu'il n'est pas la source. Nous avons vu effectivement que le Père était *plein de grâce et de vérité*. La grâce et la vérité viennent du Père et sont devenues par Jésus Christ, médiateur entre le Père et ses enfants. Ce qui est dans le Père, a été donnée au Fils et il nous le transmet : la grâce vient du Père, par Jésus Christ, jusqu'à nous, c'est-à-dire sa tendresse, sa fidélité, sa miséricorde. Par la venue de Jésus Christ, nous voyons jusqu'où cette grâce peut aller : *Dieu a tant aimé le monde qu'il a donné son Fils unique* (3,16). Et ce Fils, à travers ses gestes, ses paroles, manifeste la grâce du Dieu qui donne la vie ; il pardonne à la femme adultère, il a pitié des foules qui ont faim, il donne sa vie sur la croix, il ressuscite. En voyant Jésus Christ, nous reconnaissons, dans tout ce qu'il fait, la grâce de Dieu (cf. Tt 2,11).

Jésus est son nom d'homme, qui nous dit son enracinement dans l'histoire des hommes, à une époque bien déterminée. Et ce Jésus est le Christ, le messie annoncé par la Loi et les prophètes (1,41.45.49), celui en qui réalise le dessein de salut de Dieu. Oint de l'Esprit Saint, lors du baptême par Jean dans le Jourdain, il devint Jésus Christ. La résurrection est également le signe que Jésus est le Messie, l'Envoyé de Dieu. Elle constitue la signature de Dieu qui assure l'authenticité de la prédication et de toute la vie de Jésus : *Dieu l'a fait Seigneur et Christ, ce Jésus que vous, vous avez crucifié* (Ac 2,36). Voilà pourquoi nous pouvons recevoir par lui la grâce et la vérité ; c'est la mission que le Père lui a confiée.

« Jésus Christ » n'apparaîtra plus dans le quatrième évangile, excepté au commencement de la prière sacerdotale (17,3). Mais tout l'évangile a été écrit pour le montrer : *Tout cela a été écrit pour que vous croyiez que Jésus est le Christ, le Fils de Dieu, et qu'en croyant vous ayez la vie par son nom* (20,31). Quant au titre de *Logos*, il disparaît totalement après le prologue. C'est le titre de Fils qui est utilisé, annoncé par le verset 18 du prologue.

La connaissance du Père
Jn 1,18

Le Monogène a laissé voir sa gloire à travers son humanité, mais là n'était pas le but ultime de sa venue chez les hommes. Il voulait leur révéler le Père, qu'il était le seul à connaître.

> 18 Dieu, personne ne [l']a vu, jamais ;
>
> un unique engendré, Dieu,
>
> l'Etant, dans le sein du Père,
>
> celui-là raconta.

Dieu, personne ne [l']a vu, jamais ;

La grâce et la vérité, qui sont dans le Père, deviennent par Jésus Christ. Pourquoi par un médiateur ? Jean répond : *Dieu, personne ne l'a jamais vu*. Il en était déjà de même dans l'ancienne alliance. Moïse ne disait-il pas au peuple : *Le Seigneur vous parlait du milieu du feu ; il vous faisait entendre les commandements que vous recueilliez en vous-*

mêmes, et vous ne voyiez point sa face, mais vous entendiez sa voix (Dt 4,12). Jean peut donc affirmer que personne n'a jamais vu Dieu, bien que Moïse et Isaïe aient eu une vision de Dieu (Ex 33,11.20.23 ; Is 6,1).

Voir Dieu est un désir inscrit au fond de l'homme, mais l'Ecriture nous dit qu'il est irréalisable (1 Jn 4,12.20). Jésus disait lui-même que Dieu *[Le Père], son aspect, vous ne l'avez jamais vu* (5,37).

Mais que signifie « voir Dieu » ? La vision dont parle Jean (1,18) se situe au niveau de la foi. En effet, « l'a vu » est un parfait du verbe *horáõ* qui implique une vision liée à la foi (cf. 9,36-38). Le point de départ est une réalité sensible qui s'ouvre sur des réalités spirituelles ; ce verbe connote une pénétration du mystère (cf. 1,34.51 ; 3,11.32 ; 11,40 ; 14,7.9). Or effectivement, rien en Dieu ne peut être vu avec les yeux du corps. Personne ne peut donc voir Dieu, même Jésus : il n'a pas vu son Père avec ses yeux de chair.

Il est donc clair qu'il est impossible de voir Dieu ; mais faut-il se résoudre à ne rien connaître à son sujet ? C'est ce à quoi Jean répond maintenant. Il reprend et complète des éléments que nous avons rencontrés tout au long du prologue.

Celui qui est Monogène, et qui est aussi l'Etant, lui, peut révéler qui est Dieu. Le premier vocable est associé à « Dieu », le second au Père. Nous les examinerons successivement.

un unique engendré, Dieu,

Unique engendré renvoie à l'engendrement par lequel le Père et le Fils restent l'un dans l'autre. Monogène, comme nous l'avons vu, implique qu'il y a un Père, qui est Père pour lui, comme il ne l'est pour personne d'autre. L'unique engendré est le Fils, car personne en dehors de lui, n'est unique engendré. La relation de Jésus au Père est unique ; une créature devenue enfant de Dieu, n'a pas avec le Père une relation identique à celle du Fils.

Ce Monogène est Dieu (cf. 20,28), comme le *Logos* est Dieu, comme « le Dieu » est Dieu. Etant Fils, il est Dieu comme le Dieu que personne n'a jamais vu, mais il est distinct de lui. On ne peut affirmer plus clairement sa divinité. Comment expliciter cela ? Le Monogène est Dieu, parce que le Père lui a tout donné, absolument tout. Il est cependant distinct de lui, parce que le Père donne, sans recevoir lui-même la divinité d'un autre. Cependant, le Fils n'est pas inférieur au Père, car le Père lui ayant tout donné, ne peut être Père que par son Fils.

Jésus a affirmé clairement son unité avec le Père : *Moi et le Père, nous sommes un* (10,30 ; cf. 10,38 ; 14,10 s. ; 17,11.21 s.) ; il n'y a pas deux dieux. Mais il y a une distinction en Dieu : puisqu'il y a un Fils unique, il y a un Père. Et nous-mêmes ne pouvons connaître Dieu, que par une participation à la relation filiale du Fils, selon que Dieu en a décidé.

Seul l'unique engendré peut nous révéler qui est Dieu. Seul celui qui est Dieu tout en étant distinct du Père, peut le révéler.

l'Etant, dans le sein du Père,

Jean affirme encore la distinction et l'unité en Dieu, d'un autre point de vue.

L'Etant est le Dieu unique qui s'est révélé à Moïse. Après la rencontre du buisson qui brûlait, lorsque Dieu lui a confié la mission d'aller trouver les Israélites pour les faire sortir d'Egypte, Moïse lui posa cette question : *Si les fils d'Israël demandent quel est le Nom de Dieu, que faut-il répondre ? Et Dieu dit à Moïse : Je suis l'Etant* [καὶ εἶπεν ὁ θεὸς πρὸς Μωυσῆν Ἐγώ εἰμι ὁ ὤν]· (Ex 3,14). C'est « le Dieu », le Dieu unique, qui s'est révélé comme l'Etant. Jean, maintenant, le dit du Monogène. L'Etant, le *ho ôn*, c'est Celui qui est toujours. En traduisant le *Ehyeh Acher Ehyeh* du texte massorétique (אֶהְיֶה אֲשֶׁר אֶהְיֶה), par *ho ôn*, la Septante interprète le « Je suis » de Dieu, dans la catégorie grecque de l'Être. Dieu est radicalement différent de tout ce qui est contingent. Mais le verbe « être », en hébreu ancien, ne signifie pas seulement « qui a l'existence », mais veut dire une présence active. « Son Être [de Dieu] accompagne le cheminement de toutes ses créatures, les précède par une Volonté qui en façonne l'évolution, en fonction du but qu'il a prédéterminé de toute éternité. »

Selon certains manuscrits, Jésus se dit lui-même « l'Etant » : *Et personne n'est monté au ciel, si ce n'est Celui qui est descendu du ciel, le Fils de l'homme, l'Etant dans* (ἐν) *dans le ciel* (3,13). Il s'attribue aussi le « Je Suis » divin : *Avant qu'Abraham devint, je suis* (ἐγώ εἰμι) (8,58).

« L'Etant » est un Nom qui dit quelque chose de l'inaccessibilité, qui comporte une part de mystère, mais il dit aussi une mission pour les hommes. Dieu voulait conduire son peuple au désert pour le libérer de la servitude et le conduire au Sinaï, où il révèlera à Moïse qui il est. Il explicite alors le contenu de « Je suis l'Etant », par ces paroles : *Je suis le Seigneur ton Dieu, qui t'a fait sortir de la terre d'Egypte, de la maison de servitude* (Ex 20,2).

Identifier le Monogène et l'Etant, c'est dire que le *Logos* fait chair introduit ceux qui croient dans sa Pâque. Il les fait sortir de la ténèbre et les conduit vers la lumière. C'était bien la mission pascale du *Logos*.

L'Etant est *dans le sein du Père*. « Dans le sein » est une expression qui connote la tendresse. Moïse disait, dans sa prière au Seigneur : *Ai-je donc porté ce peuple tout entier dans mes flancs ? Est-ce moi qui l'ai enfanté pour que vous me disiez : Prends ce peuple sur ton sein, comme le nouveau-né que la nourrice allaite, jusqu'à ce qu'il arrive en la contrée promise à ses pères ?* (Nb 11,12). On trouve la même expression en Lc 16,22. Ceci peut expliquer pourquoi, alors que dans le prologue, Jean emploie ἐν pour dire dans, ici il y a εἰς.

Père a un article, à la différence de son emploi au verset 14. Il s'agit du Père du Monogène. Celui-ci est dans une relation de tendresse avec le Père, qui est propre au Fils. « Le Père » du dernier verset du prologue, fait pendant à « le Dieu » qui se trouvait au premier : On ne peut pas affirmer plus nettement la distinction du Père et du Fils, au sein de la Trinité.

De même que le Monogène est Dieu, tout en étant distinct de « le Dieu », l'Etant est en relation avec le Père, mais distinct du Père, comme le Fils. Les quatre termes : un Monogène, Dieu, l'Etant, le Père, affirment en même temps l'unicité de Dieu et sa pluralité ; la relation entre le Père et le Fils et leur relation avec les hommes ; l'éternité et l'engagement dans le temps.

celui-là raconta.

« Celui-là » renvoie à quelqu'un de précis, qui vient d'être nommé, à lui et à lui seul. Seul le Fils unique, en effet, qui est dans une relation d'une profondeur insondable avec le Père, qui partage toute sa vie, pouvait faire connaître Dieu aux hommes. Par ses paroles et par ses actes, par tout ce qu'il est, il a révélé le Père (14,7). Et quand Philippe demande à Jésus : *Seigneur, montre-nous le Père* (14,8), le Seigneur répond : *Il y a si longtemps que je suis avec vous, et tu ne m'as pas connu, Philippe ? Celui qui m'a vu, a vu le Père* (14,9). Jésus fait connaître le Nom du Père (17,6.26). Ce Nom a été donné au Fils par le Père. Par cela, le Père lui a fait don de lui-même. Parler de « Père », c'est reconnaître une distinction au sein de l'unité de Dieu.

Celui-là raconta. Certains traduisent : *celui-là l'a expliqué.* Mais Dieu ne s'explique pas, car qui peut expliquer un Mystère ? Surtout le Mystère de Dieu ! Jésus nous y introduit, il n'explique rien. Il ne fait pas un traité sur Dieu. Il m'a donc paru préférable de ne pas traduire par « faire l'exégèse », mais plutôt : le Fils raconta Dieu, selon l'utilisation que l'Ecclésiastique fait de ce mot. Le Siracide, en effet, demande : *Qui a vu le Seigneur et pourrait le raconter ?* (Si 43,31). Sa façon de poser la question, appelle d'ailleurs une réponse négative.

Raconta. L'homme est incapable de parvenir, par lui-même, à la connaissance de Dieu (Dt 4,12 ; Ps 97,2). Jérémie, pourtant, avait annoncé qu'un jour viendrait où tous connaîtront le Seigneur (Jr 31,34). Et la connaissance de Dieu annoncée par les prophètes, s'accomplit par la révélation que le Fils fait du Père. Renouvelés par la naissance d'en haut, ceux qui croient sont tous enseignés par Dieu (Is 54,13). L'alliance est accomplie : *Ils me connaîtront tous, du plus petit jusqu'au plus grand* (Ez 31,34 ; cf. 24,7 ; 34,5). Le fondement de cette alliance, c'est l'engendrement d'en haut, qui permet de devenir enfants de Dieu. C'est ainsi que se constitue le peuple, où le Seigneur habite. Sa résidence n'est plus dans un Temple ; c'est en nous, qu'il a planté sa tente, a dit Jean.

Raconta traduit un aoriste et indique un moment du passé. Le Monogène a fait connaître à ses disciples le Nom, la personne du Père, dont le propre est d'aimer : *Et je ferai connaître, afin que l'amour dont tu m'as aimé soit en eux et moi en eux* (17,26 ; cf. 17,6). Il ne parle pas de lui-même, il transmet le message du Père, il le dévoile : *Qui m'a vu a vu le Père* (14,9) ; *Celui qui me voit, voit celui qui m'a envoyé* (12,45) ; *Nul n'a vu le Père, sinon celui qui vient de Dieu ; celui-là a vu le Père* (6,46). Le Fils est un avec le Père (10,30).

Qui d'autre que le Fils, pouvait parler du Père ? Il vit de sa vie, il vit dans une intimité avec lui, que seul un Fils unique peut avoir avec son Père. Mais, pour Jésus, le Père est son Dieu. C'est ainsi qu'il a dit, après sa résurrection : *Je monte vers mon Père et votre Père, vers mon Dieu et votre Dieu* (20,17). Dieu est son Dieu, mais cela n'a pas le même sens que pour nous.

Le sommet de ce que le Monogène raconte de Dieu, se trouve dans la prière qu'il a adressée à son Père, à la veille de sa mort :

Père, l'heure est venue ;

glorifie ton Fils, pour que le Fils te glorifie,

puisque tu lui donnas pouvoir sur toute chair,

afin qu'à tout ce que tu lui as donné,

il leur donne vie éternelle.

Or celle-ci est l'éternelle vie,

qu'ils connaissent toi, le seul véritable Dieu,

et celui que tu envoyas, Jésus Christ [...].

Maintenant, ils ont connu

que tout ce que tu m'as donné

est d'auprès de toi ;

parce que les paroles que tu me donnas,

je [les] leur ai données,

et eux [les] reçurent,

et ils connurent que toi, tu m'envoyas (17,1-3.7-8).

Nous pouvons remarquer que le Monogène ne raconte pas le Père, sans raconter en même temps la profonde communion qui le lie non seulement à son Fils, mais aussi aux hommes. Le Père les a donnés à son Fils, pour que son Fils donne la vie éternelle en partage à ceux qui voudront bien l'accueillir. Jésus ne peut pas parler de communion entre le Père et le Fils, sans parler de leur communion avec les hommes. Dieu n'est pas un Dieu solitaire. On ne peut pas penser Dieu sans l'homme ; non que Dieu ait besoin de l'homme, mais il a voulu de toute éternité nous faire partager sa vie par une libre décision de sa volonté, à cause de la surabondance de son amour.

Toutes les paroles prononcées par Jésus pendant sa vie publique, venaient du Père et n'avaient pas d'autre but que de faire connaître aux hommes que le Père en est la source, et que lui-même est sorti d'auprès du Père, qu'il est envoyé par le Père. Il est le révélateur absolu et définitif. C'est par la foi, que les hommes peuvent recevoir cette révélation sur Dieu, le seul véritable Dieu, celui qui s'est révélé à Abraham et à Moïse. C'est lui que Jésus nous révèle pleinement en nous racontant son Père qui veut nous faire vivre de sa vie.

Tout l'évangile de Jean est centré sur la révélation du Fils et sur celle du Père. Le prologue nous apprend que tel est le dessein éternel de Dieu qui, peu à peu, s'est déroulé dans l'histoire.

Conclusion

Au terme de la lecture du prologue, il apparait que tout le quatrième évangile est éclairé par la lumière pascale qui le traverse. On dit souvent que le cœur de l'hymne est le verset 14 : *Le Verbe s'est fait chair*. L'utilisation de ce verset dans la liturgie de Noël a contribué à l'ancrer, comme une certitude, dans les esprits et dans les cœurs. Mais, est-ce que les mots-clés ne seraient pas plutôt lumière et gloire ? La lumière se retrouve dans la première partie de l'évangile (1-12) et la gloire est surtout présente dans la seconde (13-20). En fait, le prologue introduit la dimension sacramentelle de l'évangile de Jean.

Il nous fait entrer dans une théologie trinitaire courante avant le Concile de Nicée : la Trinité économique. Toute parole sur le Père et le Fils est en lien avec nous. La Trinité n'est pas détachée des hommes. C'est même à travers ce que les personnes divines font pour les hommes que nous pouvons les connaître ; or, nous les voyons tout particulièrement à l'œuvre dans le Mystère pascal.

Le *credo* de Nicée ne parle pas de Trinité : notre foi est dans un seul Dieu le Père, dans le Fils et dans le Saint-Esprit, et non dans un Dieu unique qui se décline ensuite en trois personnes. Couper « Je crois en Dieu », de ce qui suit : « le

Père tout puissant », n'est pas conforme à la foi de Nicée. C'est une relecture faite dans un contexte interreligieux, mais on voile ainsi la spécificité de la foi chrétienne.

Il est vrai que cela ne gêne pas beaucoup les catholiques. Combien croient encore à la résurrection du Christ ? D'après une enquête récente, il apparaît que presque la moitié des catholiques français n'y croient plus. D'où la question : la résurrection, est-elle indispensable à la vie des chrétiens ?

Or, nier la résurrection, c'est nier que le Dieu révélé par Jésus, soit Père. Et, par suite, c'est nier notre identité d'enfants de Dieu.

Selon un adage bien connu, « on prie comme l'on croit ». Que penser des prières adressées à la Trinité qui ont fleuri dans un contexte de lutte contre l'arianisme ? Or la Trinité n'est pas une personne à qui l'on s'adresse, en disant « tu ». C'est lui donner une place qui ne revient qu'au Père. Alors, qu'en est-il de la célèbre prière de sœur Elisabeth de la Trinité, à cette lumière ?

La Trinité économique anténicéenne, a laissé la place à une Trinité immanente coupée du Mystère pascal, au lieu de tenir les deux approches. Beaucoup de catholiques ont fini par faire de la Trinité un en soi pour théologiens, qui n'a plus grand lien avec la vie chrétienne.

Il est vrai que, dans le contexte actuel, les questions sur la résurrection, la Trinité et le Père apparaissent comme dépassées : c'est le Saint-Esprit qui occupe la première place. L'âge de l'Esprit est arrivé qui n'a plus rien à faire du prologue de saint Jean. Et pour beaucoup, Dieu devient une force, une énergie, un esprit. Où est passé le Père ?

Du même auteur

La Charité et l'unité, Une clé pour entrer dans la théologie de saint Augustin, Cahiers de l'École Cathédrale, n° 6, Paris, Mame, 1993 (épuisé).

Saint Dominique et la vie apostolique dominicaine, Cahiers de l'École Cathédrale, n° 20, Paris, Cerp-Mame, 1996 (épuisé). Traduction en italien, 2017.

La Règle de saint Augustin, Préface de Monseigneur P. Raffin, Cerf, Paris, 1996 (épuisé).

Chercher Dieu avec les Pères du désert et leurs héritiers, Vieille-Toulouse, Source de Vie, 1996 (épuisé). Traduction en tchèque, 1999.

Tu aimeras ton frère, À l'école des Pères du désert, Vieille-Toulouse, Source de Vie, 1997 (épuisé). Traduction en tchèque, 1999.

Se consacrer à Dieu, Une théologie de la vie consacrée, Préface du Fr. Timothy Radcliffe, Paris, Téqui, 1998 (épuisé) ; traduction en italien, 2020.

Saint Jean Cassien. Sa doctrine spirituelle, Marseille, La Thune, 2002 (épuisé).

Aux origines de l'Ordre des Prêcheurs, une mystique, Marseille, La Thune, 2004 (épuisé).

Des Moniales dominicaines à Lourdes, Lourdes, autoédition, 2005.

Saint Augustin. Comme un cerf altéré, Mesnil Saint-Loup, Le Livre Ouvert, 2006.

Saint Antoine. Conduit au désert par l'Esprit, Mesnil Saint-Loup, Le Livre Ouvert, 2006.

Le Royaume de Dieu est en vous. Une lecture symbolique du Cantique des Cantiques, Le Muveran, Parole et Silence, 2008.

Foi et guérison. Repères et critères chrétiens, Marseille, La Thune, 2008 (épuisé).

Découvrir les Pères de l'Église à travers la Liturgie des Heures, Paris, DDB, 2010.

Dominique et Augustin, Saint-Maurice, Ed. Saint-Augustin, 2010.

Les Miracles de saint Dominique. Prières et textes, Saint-Benoît-du-Sault, Ed. Bénédictines, 2010.

Prier le Rosaire avec les saints, Saint-Benoît-du-Sault, Ed. Bénédictines, 2012.

Notre-Dame de Lourdes. Prières et textes, Saint-Benoît-du-Sault, Ed. Bénédictines, 2013.

L'Effusion de l'Esprit en Église, Préface de Monseigneur P. Raffin, Saint-Benoît-du-Sault, Ed. Bénédictines, 2013 (épuisé).

Le Rosaire, une lectio divina *avec Marie*, Saint-Benoît-du-Sault, Ed. Bénédictines, 2014.

La Foi est un combat. Itinéraire d'une moniale, Paris, Salvator, 2015.

Sainte Mariam de Jésus Crucifié. Témoignage du chanoine Bordachar, *Recueil de notes de Mère Élie*, Saint-Benoît-du-Sault, Ed. Bénédictines, 2016.

Sainte Catherine de Sienne, Saint-Benoît-du-Sault, Ed. Bénédictines, 2017.

Sainte Marie-Madeleine, Saint-Benoît-du-Sault, Ed. Bénédictines, 2017.

Les Pères de l'Église dans la Liturgie des Heures, L'âge d'or, vol. II, Les Pères latins, Le Muveran, Parole et Silence, 2017.

Le Nouvel Age à l'œuvre dans l'Église. La gnose de retour, Paris, L'Harmattan, 2018.

L'Eucharistie, rencontre du Ressuscité, Ed. Bénédictines, Saint-Benoît-du-Sault, Ed. Bénédictines, 2018.

L'Heure de la mort. Le grand passage vers la vie !, Ed. Bénédictines, Saint-Benoît-du-Sault, 2018.

Les Pères de l'Église dans la Liturgie des Heures, L'âge d'or, vol. III, *Les Pères grecs et syriaques*, Le Muveran, Parole et Silence, 2018.

Les Pères de l'Église dans la Liturgie des Heures, L'âge d'or, vol. IV, *Augustin*, Le Muveran, Parole et Silence, 2020.

La Face cachée de la vie des moniales. Une dominicaine témoigne, Croix du Salut, 2020.

Chrétien, qu'as-tu fait de la vie éternelle ? Lecture spirituelle de la première lettre de Jean, Parole et Silence, 2020.

Dieu à la recherche de l'homme. Lecture spirituelle du livre d'Osée, Parole et Silence, 2021.

La destinée du Messie, prophète de la grâce, Croix du Salut, 2021.

Table des matières

Le *Logos*-Monogène

Printed by Books on Demand GmbH, Norderstedt / Germany